揭 开 历 史 的 神 秘 面 纱 ， 全 方 位 探 索 隐 藏 的 真 相 。

寻找时光中千丝万缕的遗迹，探索悠久的渊源，直击苍茫的历史。

世界历史悬案

杨红林 编著

光明日报出版社

图书在版编目（CIP）数据

世界历史悬案 / 杨红林编著 . -- 北京：光明日报出版社，2012.6（2025.1 重印）

ISBN 978-7-5112-2379-1

Ⅰ . ①世… Ⅱ . ①杨… Ⅲ . ①世界史 – 通俗读物 Ⅳ . ① K109

中国国家版本馆 CIP 数据核字 (2012) 第 076451 号

世界历史悬案

SHIJIE LISHI XUANAN

编　　著：杨红林

责任编辑：李　娟　　　　　　　　　　责任校对：日　央

封面设计：玥婷设计　　　　　　　　　封面印制：曹　净

出版发行：光明日报出版社

地　　址：北京市西城区永安路 106 号，100050

电　　话：010–63169890（咨询），010–63131930（邮购）

传　　真：010–63131930

网　　址：http://book.gmw.cn

E – mail：gmrbcbs@gmw.cn

法律顾问：北京市兰台律师事务所龚柳方律师

印　　刷：三河市嵩川印刷有限公司

装　　订：三河市嵩川印刷有限公司

本书如有破损、缺页、装订错误，请与本社联系调换，电话：010–63131930

开　　本：170mm×240mm

字　　数：200 千字　　　　　　　　　印　　张：14

版　　次：2012 年 6 月第 1 版　　　　　印　　次：2025 年 1 月第 4 次印刷

书　　号：ISBN 978-7-5112-2379-1

定　　价：45.00 元

前 言 PREFACE

　　作为一个独立的学科，历史无疑是完整的。然而作为一个纯粹的认知对象，历史又是不完整的。许多关键的细节都因为年代久远或史料缺乏等原因而淹没于往昔的沧桑岁月，而历史的玄机往往正隐藏在这消失的细节中。扑朔迷离的历史悬案为历史真相披上了一层神秘的外衣，像磁石一样吸引着人们好奇的目光，并刺激着人们探究其庐山真面目、正本清源的兴趣。而在对种种历史悬案进行解析和破译的过程中，人们不仅能获得知识上的收益，还可以得到精神上的愉快体验。

　　为了满足广大读者的求知欲和了解历史真相的渴望，我们推出了这本《世界历史悬案》，收录了人类历史上影响最大、最有研究价值和最被广泛关注的17大世界历史悬案。编者结合编写体例、图片和艺术设计等多种要素，从文献资料、考古发现、民间传说、学术论证、最新观点等多种角度，全面详细地探讨悬案的来龙去脉，科学严谨地分析其成因，深入解读历史，力争给读者提供有关悬案最权威、最丰富、最全面的信息。

　　全书内容涉及金字塔之谜神秘的玛雅文明、亚历山大大帝的猝死之谜、美国前总统肯尼迪的遇刺真相、戴安娜王妃的车祸阴谋等，一个个亦真亦幻、起伏跌宕的离奇故事，引人入胜。同时，编者还精心挑选了弥足珍贵的图片，包括实物图片、历史遗迹、经典建筑、摄影作品、人物画像、出土文物、实物图片等，或刻画环境，或展示特点，或解释内涵，或提供佐证，弥补了单纯文字说明过于抽象的缺憾，使知识的传输更加直接、快捷，给读者以最直观、最具震撼力的视觉冲击。

　　生动的文字、简明的体例、新颖的版式和精美的图片有机结合，带您进入一个精彩、神秘的未知世界，去探究历史的真相。通过阅读本书，您不仅可以增长知识、开阔视野，而且还可以汲取前人的经验和教训，进而坚定向未知世界挑战的信心。

目 录 CONTENTS

目 录 CONTENTS

目 录 CONTENTS

吉萨金字塔

千古之谜：

金字塔的神奇

　　古代埃及有这样一个神话：在一次宫廷阴谋中，国王奥西里斯被自己的兄弟残忍地杀害，并被碎尸扔到尼罗河里。王后伊西丝找到其遗体后，悲痛欲绝，哭声感动了太阳神。于是太阳神帮助她把丈夫的尸体还原，并做成木乃伊。结果奥西里斯获得再生，成为冥界的主宰。从此以后，古埃及的每个法老死后，都要制成木乃伊再装入石棺，然后送进其"永久的住所"——金字塔中，这样，法老们的灵魂就能永生。

　　金字塔到底何时所建？为何而建？由何人修建？又是如何修建？所有这些难解之谜都曾在世人心中留下一串串问号。同时，有关金字塔这种建筑的种种神秘现象和趣闻，也往往使人们产生许多困惑。

只是法老的陵墓吗

翻阅世界各国的古代历史，人们会发现，在许多专制统治的国家，其帝王往往修建了豪华奢侈、规模宏大的陵墓，比如中国的秦始皇陵以及举世闻名的兵马俑就是这方面的典型。不过，从这些统治者的出发点来说，修建陵墓的主要目的是要在死后继续享受荣华富贵。但古埃及的法老们之所以修建金字塔，其目的却不仅仅如此，或者说有根本的区别。

迄今为止，在埃及发现的金字塔共有90多座，它们散布在尼罗河下游西岸，人们通常认为它们是古代埃及法老的陵墓。埃及人称金字塔为"庇里穆斯"（pyramids），意思是"高"。由于古埃及人崇拜太阳神，他们相信人会死而复生，渴望灵魂的永恒，所以才有了木乃伊的制作，进而有了存放木乃伊的金字塔。而古埃及所有的金字塔之所以都坐落在尼罗河西岸毗邻沙漠的吉萨高地上，是因为在古埃及人心目中，尼罗河东岸是太阳升起的地方，是生命的源头；而日落的西岸，则是超度亡灵的西方彼岸世界。所以，作为最高统治者的法老，为了达到"永生"的目的，并试图在"天国"里继续享受荣华富贵，驱使其臣民为自己修建了一座座金字塔。

不过，后世研究者发现的众多神奇现象，又使人们产生疑问：花费如此之多的劳力和钱财，为自己建造一个尸体贮存所，除了国王们固有的豪华奢侈心态外，是否还有其他的原因呢？因为在实际上，人们在金字塔里发现的法老的木乃伊数目是极少的。科学家们的研究表明，金字

狮身人面像

塔的形状，使它产生一种奇异的功效，即能使尸体迅速脱水，加速"木乃伊化"。假如把一枚锈迹斑斑的金属硬币放进金字塔，不久，就会变得金光灿灿；假如把一杯鲜奶放进金字塔，24 小时后取出，仍然鲜美……

1963 年，俄克拉何马大学的生物学家们证实：已经死亡几千年的埃及公主梅纳，其躯体上的皮肤细胞仍具有生命力！最使人毛骨悚然的一件事是：埃及考古学家马苏博士宣称，当他在帝王谷下从事发掘，打开一座古墓石门的时候，竟然有一只大灰猫，满身尘土地凶猛地向人扑来，而几个小时以后，它就死在了实验室里，难道它真的忠实守卫主人 4000 年吗？这不由使我们联想到好莱坞电影《木乃伊归来》中的情景。

尽管有的科学家推断，金字塔的结构本身就是一个很好的微波谐振腔体，所产生的微波能量的加热效应可以杀菌，并且使尸体脱水。可是，4000 年前的法老，怎么知道利用微波呢？还有的科学家认为：任何建筑物都可以根据它们的外部形状而吸收不同的宇宙波，而金字塔内的花冈岩石恰好具有蓄电池的作用，它吸收各种宇宙波并加以储存，而金字塔内所产生的那种超自然力量的能，正是宇宙波作用的结果。可是，难道 4000 年前的古埃及人就已经知道这些了吗？

关于金字塔，还有一些广为人知的奇事。在相当长的一段时间里，都有人声称著名的胡夫金字塔前有一段可怕的铭文："不论是谁骚扰了法老的安宁，死神之翼将在它的头上降临。"当然经科学家考证，这段著名的咒语其实与金字塔毫无关系，而是出现在一位法老的陵墓内。但是仍有很多人对此传说深信不疑，并极大程度上混淆了人们的视听。尽管最初很多科学家和探险家都对这种"法老的诅咒"不以为然，然而那些曾真的"骚扰了法老的安宁"的人，绝大多数都遭到了厄运和灾难。在他们中间，有的身患重病而死，有的精神失常，有的莫名其妙地自杀……而美国的一项调查报告表明：在 100 名曾经到过金字塔观光的英国游客中，随后 10 年内死于癌症的，竟达 40%，而且年龄都不大；而那些曾经爬上金字塔顶的人，都很快出现昏睡现象，无一生还！

这一切难道是在印证法老诅咒的魔力？科学家们对此展开研究和调查后，提出了一些推论。来自开罗大学的塔亚博士认为：金字塔内存在一种曲霉细菌，感染者会导致呼吸系统发炎，皮肤上出现红斑，最后因呼吸困难而死亡。不久前，美国迈阿密贝利大学的化学教授达维多凡从金字塔中检验出衰退的辐射线，很显然，这正是英国游客患癌的主要原因。由于金字塔外没有这种辐射线，该教授大胆提出了一个颇为新颖的推断：金字塔是史前外星人的核废料储存所。

是谁修建了金字塔

在过去，由于有明确的文字记载，关于金字塔的建造者，人们有一个普遍的共识。一直以来，金字塔都被看作是古埃及劳动人民智慧的结晶。关于这一点，被称为"西方史学之父"的希罗多德（他曾漫游埃及）就认定金字塔是奴隶辛劳的结果，并在2000多年前就曾详尽地记载：在建造胡夫金字塔时，法老强迫所有的埃及人为他做

埃及第一座金字塔——左塞金字塔（上）
阳光下的金字塔（下）

工，10万人为一群，每群人劳动3个月。不计其数的古埃及奴隶从遥远的阿拉伯山（有人认为即今天的西奈半岛）拉来巨石，借助畜力和滚木，把巨石运到建筑地点，然后将场地四周天然的沙土堆成斜面，把巨石沿着斜面拉上金字塔，堆一层坡，砌一层石，逐渐加高金字塔。就这样，用了整整20年的时间才修建完毕。因此，金字塔的修建在当时给埃及人民带来了巨大的灾难，它耗竭了埃及三个朝代的资源，给埃及留下了一片荒凉，并最终激起了人民的反抗。

但是长期以来，这一传统观点却不断面临挑战。

在埃及，大大小小的金字塔有90多座，其中最大的一座是第四王朝法老胡夫的大金字塔。它大约建造于公元前2700多年，塔高146.5米，相当于一座40层高的摩天大楼；塔基成正方形，每边长230.6米，占地约52900平方米；由大约230万块大小不等的石块砌成，平均重量约2.5吨，最轻的也有1.5吨。在比大金字塔稍小的哈佛拉金字塔旁，还屹立着一尊巨大的石雕，也就是举世闻名的狮身人面像。传说在公元前2610年，当埃及第四王朝的第三位法老哈佛拉巡视自己快要竣工的陵墓时，发现采石

埃及金字塔大甬道 这条大甬道是通向胡夫墓室的倾斜通道，将近8米高，35米长。

场还有一块弃置的巨石，就命令石匠照自己的脸型雕刻了这尊石像。据说在1798年，当拿破仑带兵占领埃及时，由于听信在此藏有宝藏的传闻，曾下令用重炮轰击狮身人面像，结果石像岿然不动，轰断的几根胡须现在还保存在英国博物馆里。

人们的疑问就在于：这么巨大的工程，难道真是几千年前的古埃及人完成的

金字塔的雏形

相传，古埃及第三王朝之前，无论王公大臣还是老百姓死后，都被葬入一种用泥砖建成的长方形的坟墓，古代埃及人叫它"马斯塔巴"。后来，有个聪明的年轻人叫伊姆荷太普，在给埃及法老左塞王设计坟墓时，用山上采下的方形的石块来代替泥砖，建成一个六级的梯形金字塔——这就是我们现在所看到的金字塔的雏形。在古代埃及文中，金字塔是梯形分层的，因此又称作层级金字塔。伊姆荷太普设计的塔式陵墓是埃及历史上的第一座石质陵墓。左塞王之后的法老们纷纷效仿，从此在古埃及掀起一股营造金字塔之风。

吗？因为按照希罗多德的描述，修建金字塔的各个环节如采石、运输、下河、上岸，不仅需要大批的石匠、建筑工人、运输工人、水手，而且需要一大批工程师、施工人员和管理人员，一支有足够的镇压能力的军队也是必不可少的。而且，他们要吃、要穿、要住、要消耗，这就又要有一支庞大的服务队伍。另据估计，支持这样的建筑工程需要5000万人口的国力，而一般认为，公元前3000年左右全世界的总人口也不会超过2000万。何况，已经发现的金字塔有90多座，即使像希罗多德在《历史》中所说的，30年完成一座，总计也需2400年，埃及承受得了这样浩繁、这样长久的消耗吗？

所以有人怀疑，金字塔不可能是地球人力所为，而极有可能是外星人所修建的，是他们遗弃的着陆标志，更有人推断这是"失落的部落文明"的创造。不过，所有这些只能归于猜测，并没有确凿的证据。

真正具有说服力的要属来自考古界的新发现，因为考古是研究历史悬案最科学的手段。考古人员在金字塔埋葬者的随葬品中发现了大量用于测量、计算和加工石器的工具，这表明这些埋葬者就是金字塔的建造者。同时发现的还有一些原始的金属手术器械以及死者在骨折后得到医治的证据，这说明这些死者生前得到了很好的医疗待遇。这样的发现很自然地使人对先前认为金字塔的建造者是古埃及奴隶的说法提出了质疑。因为在古埃及，地位低下的奴隶不可能有医疗的机会，死后更不可能被安葬。此外，考古人员通过对这些遗迹测算，认为只有大约25000名劳工参与了建造金字塔，这就意味着希罗多德有关金字塔由百万名工匠建造的论断是不准确的。

更重要的发现是埃及考古学家在最近10年里获得的。考古学家在吉萨高原金

字塔区陆续发现了一个规模非常大的工人墓地、一座工人城市和一具可能是人类有史以来发现的最古老的石棺。通过对这些遗址的研究，很多考古学家改变了自己以往的看法，转而认为建造金字塔的是自由人，很可能就是农闲时期的农民，他们做工是要领工资的。据现存的记录显示，古埃及政府主要用面包和洋葱作为这些工人的报酬，而且还有证据表明，工人们为了争取更高的工资曾举行过罢工。

2002年9月，为了进一步揭示金字塔建造者的身份，埃及考古学家打开了在吉萨高地金字塔群附近地区发现的神秘石棺。当时，包括中国中央电视台在内的上百个国家的电视台对此进行了直播。这具4500年来没有被人动过的石棺长2米，宽1米，埋在吉萨高地金字塔区的东南角。石棺的主人是一座金字塔的监工，他生活的时代是埃及的第四王朝时代（公元前2613年至公元前2494年）。尽管最终除了一具骸骨之外，没有获得重大发现，但这些考古发现的价值却是不容置疑的。

修建之谜

除了对所需的劳动力产生疑问外，后人对金字塔最大的困惑在于其修建的具体过程，而这也是它留给世界的最大悬案。从技术角度来讲，这的确令人感到不可思议。

众所周知，金字塔是由无数巨石堆砌的。可实际上据考察，古埃及并不出产这种巨石，希罗多德也称其是从遥远的阿拉伯山运来的。那么，这些石块是怎样开采、运送的，又是怎样堆砌的呢？要知道，即使在今天，拥有世界上所有现代化技术手段的建筑师也很难完成如此艰巨的工作。我们无法想象，在那么遥远的年代，在只有粗陋的工程技术水平的年代，古埃及人是怎样建造出这一举世罕见的宏伟工程的。毕竟当时的建造者既没有起重设备，也没有滑轮，甚至连轮子在当时都还没有发明出来。那他们是怎样将相当于10辆汽车重的大块石头提到金字塔上的呢？

最关键的就是运输和堆砌问题，因为即使有足够的人力，也无法把这些2.5吨到160吨的巨石运送到工地。人们对此进行了种种推测。有人认为是用撬板圆木棍运石法，但是这种方法需要消耗大量的木材，而当时埃及的主要树木是棕榈，无论是数量、生长速度、还是木质硬度，都远远不能满足运输的需要，而进口木材几乎是不可能的。还有人认为是水运法，但也因论据不充分而未被接受。

2000年，法国的一位科学家杜维斯经过研究，提出了新的见解。他认为金字塔上的巨石并不是天然的，而是一种混凝土。杜维斯借助显微镜和化学分析的方法，认真研究了巨石的构造，并根据化验结果得出全新的结论：金字塔上的石头是用石灰和贝壳经人工浇筑混凝而成的，其方法类似今天浇灌混凝土，由于这种混合物凝固硬结得十分好，人们难以分辨出它和天然石头的差别。为了进一步使自己的观点更具说服力，杜维斯还提出 2 项佐证：一是他在石头中发现了一缕人发，而唯一可能解释这一发现的，就是工人在操作时不慎将这缕头发掉进了混凝土中，保存至今；二是他发现石料中夹有矿物质和气泡，而化验得知石块是不会含有这两种物质的。所以他认为修建金字塔的巨石其实是用模板浇灌而成的，而整个金字塔也就是这样一层一层堆砌起来的。同时，这也解释了为什么在石块之间严实无缝，甚至连很薄的刀片也插不进去。由于现代考古研究也的确证实人类早在数千年前就知道如何制作混凝土，所以许多科学家比较赞同杜维斯的论断。

其次就是设计问题。长期以来，胡夫金字塔作为人类史上最伟大最古老的建筑物之一，由于其建筑技术上的高超、定位技术的精确，一直以来使世人惊叹不已。

撬板圆木棍运石法想象图 | 建造金字塔，最紧迫而又最现实的问题是运输问题。怎样把重达数吨的巨石运送到工地呢？有人提出了撬板圆木棍运石法。

金字塔的象征含义

《金字塔铭文》中有这样的话："天空把自己的光芒伸向你，以便你可以去到天上，犹如拉的眼睛一样。"金字塔就是这样的天梯。同时，角锥体金字塔形式又表示对太阳神的崇拜，因为古代埃及太阳神"拉"的标志是太阳光芒——金字塔象征的就是刺向青天的太阳光芒。从金字塔棱线的角度上向西方看去，可以看到金字塔像撒向大地的太阳光芒。

据测算，它的4条底边相差不到20厘米，误差率不到千分之一；它的东南角和西北角的高度，相差仅1.27厘米，误差率不到万分之一，而这即使对于现代建筑而言也是一大难题，即所谓的"正直角技术"。神奇的是古埃及的建筑大师们竟能将该技术游刃有余地应用于金字塔的转角建构上，并且只有极小的误差。他们居然在没有水平仪、没有动力设备、没有现代化测量手段的情况下，完成了塔基的勘测和施工，实在不能不令后人叹服。

尽管自9世纪开始，就有盗墓者、探险者、考察者不断进入胡夫金字塔，然而，它的内部结构仍然是个谜。塔内有迷宫般的通道和墓室，通道有整齐的台阶，脉络一样地向墓室延伸，直到很深的地下。墓室另有两条通气孔通到塔外，据说死者的"灵魂"可以从这些小孔里自由出入。奇怪的是，这两条气孔，竟然一条对准天龙座（代表永生），一条对准猎户座（代表复活），这样精巧的设计和构思，真是几千年前的古人所完成吗？

在金字塔中，内部结构极为复杂和神奇，并装饰有雕刻和绘画等。由于墓室和甬道里十分黑暗，创作这些精致的艺术作品需要光亮才可能进行，所以必须在火炬照明或者是在油灯下才能完成。但是，事实再一次使研究者困惑。因为如果当时的确使用了火炬或油灯，就多少会留下一些痕迹。而在研究者对墓室和甬道里积存了5000多年之久的灰尘进行了全面仔细的科学化验和分析后，结果证明：灰尘里没有任何黑烟和烟油的微粒，没有发现一丝一毫使用过火炬或油灯的痕迹。这就意味着，古代艺术家在胡夫金字塔地下墓室和甬道里雕刻、绘制壁画时，根本不是使用火炬或油灯来照明，那么他们又是如何解决这一问题的呢？难道真的像有些人猜测的，距今5000多年前的古埃及人竟已掌握了类似现代电灯的技术吗？

据历史记载，古代世界曾有七大奇迹（如古巴比伦的空中花园等），然而随着岁月的流逝，它们有的倒塌了，有的消失了，只有金字塔依然屹立在沙漠之中几千年之久，毫不动摇，这与其设计的奥秘是密不可分的。

人们发现，自然形成的52度锥角是最稳定的角，并称之为"自然塌落现象的

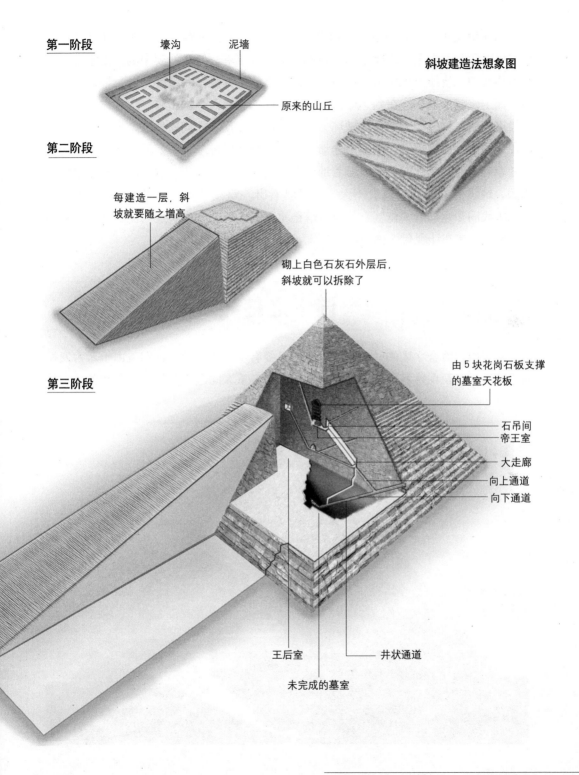

第一阶段

壕沟　　泥墙

斜坡建造法想象图

原来的山丘

第二阶段

每建造一层，斜坡就要随之增高

砌上白色石灰石外层后，斜坡就可以拆除了

第三阶段

由5块花岗石板支撑的墓室天花板

石吊间
帝王室

大走廊
向上通道
向下通道

王后室

未完成的墓室

井状通道

极限角和稳定角"。金字塔的锥角就正好是 51 度 50 分 9 秒，这说明它就是按照这种"极限角和稳定角"来建造的。我们知道，金字塔是处在沙漠中的。由于金字塔的独特造型，使沙漠中凌厉的风势得以沿着塔的斜面或棱角缓缓上升，塔的受风面由下而上，越来越小，在到达塔顶的时候，塔的受风面趋近于零，这种以逸待劳、以柔克刚的独特造型，把风的破坏力化解到最低程度。人们还知道，磁力线的偏向作用能够使地面建筑，甚至高山崩溃，而胡夫金字塔塔基就正好处于磁力线中心，它随着磁力线的运动而运动，随着地球的运动而运动，因此，它所承受的振幅极其微弱，地震对它的影响也就不大了。可以看出，52 度"角"，方锥体的"形"，与磁力线同步运动的"位"，是金字塔稳定之谜。但是，古埃及人能够将这些奥秘一一掌握，实在让现代人称奇。

谜中之谜

　　对于围绕着金字塔的一些悬案，人们已经有了一些认识，特别是由于考古发掘的不断进展以及现代科学技术的应用，相信许多重大问题不久就可以得到解答，然

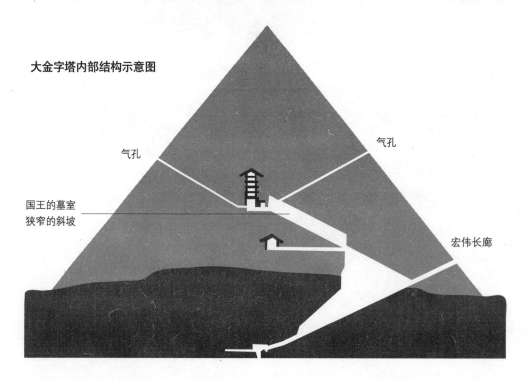

大金字塔内部结构示意图

气孔

气孔

国王的墓室
狭窄的斜坡

宏伟长廊

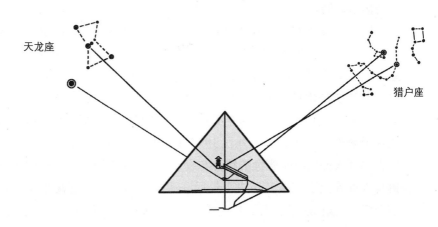

天龙座

猎户座

金字塔内部结构部位（气孔）与星位相对应

胡夫金字塔的两条气孔与星座位置对应：左边的气孔对准天龙座，右边的气孔对准猎户座。

斜坡围绕金字塔筑成螺旋状

螺旋形斜坡建造法想象图

扫码获取更多资源

而，作为人类历史上最大的谜团，金字塔所带给后人的一些疑问，又是短期之内很难得出结论的。

比如，随着考古发掘工作的逐步深入，有越来越多的证据表明，就连传统上对于金字塔建筑时间的判定上都非常值得怀疑。首先，狮身人面像很有可能并非是在哈佛拉统治期间修建的。1992 年，美国的一名法医学专家弗兰克·多明戈对埃及法老哈佛拉雕像的头部及狮身人面像的"人面"作了深入细致的研究，结果证明两者差别很大，不可能是同一人，因此，考古学家先前对它的面部进行的主观诠释显然是错误的。另外在 1992 年 8 月，来自波士顿大学的地质学修奇博士，根据狮身人面像所受腐蚀的特点与程度，同样也得出了一个惊人而又严谨的结论：狮身人面像至少在埃及历史上最后一次雨季的早期，也就是公元前 7000 年至公元前 5000 年就已建成。而从公元前 3000 年以来，吉萨高原上一直没有足够造成狮身人面像侵蚀的雨水，所以只能解释这些痕迹是很久以前、吉萨高原上雨水多、温度高的时代残留下来的。修奇博士的论点在当年美国地质学会年度大会上获得了 3000 名同行的一致支持。而事实上，据埃及考古学家分析，它在修建技术方面甚至要比其他已确定的年代晚了几千年的建筑都要高超得多。这就使人们产生了新的疑问：难道在埃及古王国建立之前，古埃及人就有相应的社会组织来动员足够的人力从事此类大规模建筑工程吗？

其次，一些广泛流传于世界各地的许多有趣的数字，则从另一个侧面也昭示了金字塔的玄妙。

这一系列的数据，到底是偶然的巧合，还是精确计算的结果？它们无不使考古学家、建筑学家、地理学家、物理学家迷惑不解。

还有一些奇妙的发现，比如：延长在塔底面中央的纵平分线，就是地球的子午线，这条线正好把地球的大陆和海洋平分成相等的两半；金字塔的塔基正位于地球各大陆引力中心；大金字塔的尺寸与地球北半球的大小，在比例上极其相似，难道古埃及人在几千年前就已经计算出了地球的扁率？

古埃及的科学成就列表			
类　别	概　述	主　要　成　就	备　注
建筑学	取得了古代世界所能达到的最高成就，至今仍闪烁着艺术光彩。	金字塔 阿蒙神庙 卡纳克神庙	其中关于金字塔的建造至今仍是一大悬案。
数　学	算术方面用十进位制、发明古老的乘除法；代数方面已懂得一元二次方程式；尤以几何方面的成就为高。	兰德纸草书；所创建的几何以使用工具为特征，以求面积和体积为具体内容，能把 π 精确到小数点后一位。	数学方面尤其是几何的先进方法对于其建筑成就起了很大作用。
天文学	某些方面落后于其他古代文明，有些则要先进得多。	第十八王朝时出现的天文图是迄今所知的最早的天文图；民用历法是古代世界最先进的历法。	其历法对于后世罗马的历法改革具有重大参考价值。

推荐阅读
① 苗欣宇编译：《众神护佑的国度：深入众神幽秘禁地揭开金字塔亘古之谜》，中国电影出版社，2000 版。
② 蓝海主编：《金字塔未解之谜》，内蒙古人民出版社，2004 版。
③ 程永福编：《金字塔之谜新探》，新疆人民出版社，2002 版。
④ 熊秉元著：《金字塔的秘密》，社会科学文献出版社，2002 版。
⑤ 程干泽著，梁晓鹏译：《大金字塔的奥秘》，甘肃科学技术出版社，2001 版。
⑥ （法）J．韦库特著，吴岳添译：《古埃及探秘：尼罗河畔的金字塔世界》，上海书店出版社，1998 版。

玛雅曾经的辉煌一去不复返，只剩一片残垣、废墟。

2

失落的文明：

玛雅王国如何湮灭

　　在19世纪之前，人们对于中南美洲的古代历史一直非常陌生。尽管有无数的欧洲殖民者来到这里，开辟了新的文明，而他们所认识的土著历史，却几乎是一片空白。与此同时，在当地一些地方，广泛流传着一个故事：古代有一位王子得知密林深处有一个极为神秘的城堡，城堡里的人都遭到了魔鬼的诅咒而长眠，等待他去解救。于是王子勇敢地进入到毒蛇猛兽出没的莽莽森林中，决意去拯救不幸者。当他历尽千辛万苦终于找到了隐藏在密林深处的城堡时，看到了一位被魔法催眠的美丽公主。当他靠着正义的指引将公主及全城百姓救醒后，整个王国又复活了。谁也不会想到，现实中发生的事情，竟真的跟这个传说有几分相似，因为人类重新发现了一个无比神秘的国度——玛雅王国。

湮灭千年的神秘文明

　　1839 年，有两位美国人来到中美洲，他们是约翰·史蒂芬和卡德沃德。此二人一直对流传于当地的古老传说深感兴趣，一心想证实该故事背后所隐含的秘密，从而开始了他们的探险之旅。他们在中美洲洪都拉斯的热带丛林中，披荆斩棘，历经千辛万苦。终于有一天，他们在密林中发现了一座被废弃的巨大城堡。呈现在他们眼前的，有宏伟的神庙、宽阔的马路、豪华的宫殿。尽管这一切都已成为废墟，到处被荒草和荆棘所掩盖，但突如其来的人间奇迹仍震惊了整个世界。

　　两位美国人在中美洲丛林发现古城的消息传开后，立即吸引了一批又一批的考古人员来到洪都拉斯，并将探索的范围扩大到整个中美洲地区。功夫不负有心人，进入 20 世纪以来，随着探险范围的不断扩大，一个古老而神秘的文明——玛雅文明，终于被人们全面发现。据统计，各国的考古人员先后发现玛雅文明遗址达 170 处之多。经过初步研究，学者们大致推测出，在公元前 5 世纪到 8 世纪的漫长岁月里，玛雅文明就曾经辉煌一时，其辐射范围北起墨西哥南部的尤卡坦半岛，南达危地马拉、洪都拉斯以及秘鲁的安第斯山脉这个广阔的区域。就是在这块土地上，玛雅人创造了一系列不可思议的奇迹，包括他们所获得的天文和数学知识，他们所描绘的古老的宇航图，乃至构思奇特的金字塔建筑，都绝对可以与世界其他任何古老的伟大文明相媲美。因此，尽管美洲大陆很晚才被欧洲人发现，但当这些发现者面对这块新的大陆文明时，不禁惊呼玛雅人为"新世界的希腊人"。

　　实际上，当西方殖民者初次踏上中美洲的土地时，就接触到了古老的玛雅文明。

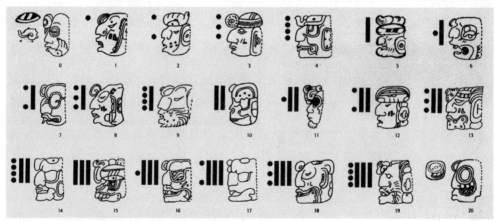

玛雅人使用的数字 ｜ 玛雅数字由点、线和人头的侧面组成，一个点表示"1"，一条线表示"5"。"0"用蛇贝和下巴被手代替的头部侧面组合表示。表示"20"的头侧面则较难辨认。

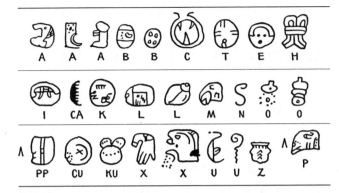

**玛雅人使用
的文字破解**

文字的发明是玛雅人的一项伟大成就。古玛雅象形文字别具一格，是由几何图案、鸟兽或人形图案组合而成，既能表意又能标音。通常文字符号与彩色图画并列在一起，每个句子附一图画，文字之后经常会接数字。玛雅语言丰富，有 3 万个词汇。

早在 1566 年，一名叫狄亚哥·兰达的西班牙牧师就曾对该文明有初步的研究。遗憾的是，与所有抱有宗教狂热的西方牧师一样，兰达之所以研究当地人民的文化，最直接的目的不是为了发现，而是为了毁灭。作为西方殖民主义政策的一部分，这些牧师的目标是消灭当地的文化和宗教，让当

地人民都皈依基督耶稣。随着研究的深入，他们在玛雅人所遗留下来的文化典籍中发现了越来越多的"邪恶"的东西，

**玛雅雕版
文书**

这块木板上的文字分为 9 行 4 列，基本上被破译。每一小块图案代表的意思是：① 然后他到达蒂卡尔 ② 三年之后 ③ 纳巴尔·钦尼 ④ 帝王在他第 4 个 20 年的生活 ⑤ 公元前 745 年 7 月 13 日 ⑥ ？ ⑦ 他跳舞 ⑧ 像 ⑨ 和恶魔 ⑩ 坦扎布·昌 ⑪ 主神 ⑫ 他竖起 ⑬ ？ 的尺子 ⑭ 这是他的第一次血祭 ⑮ 亚坎·哈布诺（可能是某座神庙的名字） ⑯ 在蒂卡尔城 ⑰ 他拥有 ⑱ 无比的勇气 ⑲ 他自己 ⑳ 非常疼爱他的儿子 ㉑ 主神 ㉒ 上帝的礼物 ㉓ 诺尔女士（一位母亲的名字） ㉔ 约克曼的公主 ㉕ ？的帝王 ㉖ 第一次 ㉗ 途亚尔女士 ㉘ 他是礼物 ㉙ 他穿着 ㉚ 撒旦 ㉛ 父亲的儿子 ㉜ 杰瑞·昌·卡瑞尔（父亲的名字） ㉝ 伊钦·昌·卡瑞尔（国王的名字） ㉞ 蒂卡尔的主神 ㉟ 蒂卡尔的主神 ㊱ 帝王在他的第 4 个 20 年里

这些东西都与基督教的教义毫不相容。于是，在枪炮的保护下，这些牧师将玛雅人绝大多数的典籍付之一炬。

此后相当长的时间里，兰达以及与他同时代的牧师们记录的有关玛雅失落的城市、庙宇和废墟的信息，就静静地躺在西班牙殖民地的档案馆里，没人加以理会。直到18世纪，才陆续有一些探险者再次开始了对玛雅文明的探索。最终才有了本文开头所叙述的一幕。

如今，人们已基本对玛雅文明有了一个大概的了解。该文明几乎波及整个中美洲，其最繁华的时代为七八世纪左右。早在公元前2000年，玛雅人已经开始种植玉米。居住于墨西哥尤卡坦半岛的玛雅人，在当地不规律的降水条件下，发展出了依靠高密度劳力和农田水利系统，包括运河、水库及其他落差型储水设施的农业。然而仅仅隔了一个世纪，它就突然消失和停止了。不过，即使面对着一片片废墟，人们仍可以依稀看到玛雅文明那光辉灿烂的影子。而且，由于这一文明所达到的高度，人们往往会疑问：这一切是如何造就的？难道它们是从天而降的吗？虽然科学家们进行了无数的研究和考证，但至今为止尚未能够提供一个圆满的答案。那么，就让我们先大致了解一下它的众多神奇之处吧。

首先，玛雅文明中最著名的难解之谜就是古代玛雅人竟然能够制作出宇航图。20世纪50年代，在墨西哥高原的一个荒凉的山谷里，一群考古学家在清理一座古代神庙时，偶然发掘出一块沉重的、刻满花纹图案的石板。他们发现，在石板上雕刻着一些古怪的图案，内容大致为一个驾驶员手握方向盘在空中飞行，四周围绕着一些装饰性的花边图案。当时，考古学家们一致认为这是一件充分展示玛雅人想象力的图画。然而20世纪60年代以来，当美苏两国先后成功进入太空后，人们的看法就发生了巨大变化。当玛雅人石板的样图被送到美国航天中心时，那些参与航天器材研制的专家无不惊呼："了不起！这是古代的宇航器！"因为图中仪表、脚踏板以及其他各种宇航操作工具都清晰可见！而当宇航员行走于月球和太空的照片不断传回地面后，人们更是大吃一惊，因为他们推测：玛雅人的石板图画似乎正是描绘宇航员操纵火箭翱翔太空的情景！可是，这一切又显得太过于荒诞了，因为众所周知，古代是不可能有宇航器的。那么，远在古代的玛雅人是怎么了解宇航奥秘的？又如何描绘出宇航员蛰居窄小的驾驶舱，紧张操纵飞船的情形？由此，一些科学家开始推测：在遥远的古代，这里可能有过一批来自外星球的智能生命，他们在玛雅人顶礼膜拜的欢迎中走出自己的飞船，并教给了玛雅人历法和天文知识，还向他们展示了自己的运载工具，向他们传授了农耕的各种知识，然后飘然而去。当然，这种推测又似乎是天方夜谭，因为至今尚无充分的证据。

其二就是玛雅人在天文、历法、建筑等方面所取得的令人难以置信的成就，因为在这些领域的很多方面，他们都要比世界其他古老文明的水平领先得多。

在数学方面，他们根据手和脚20个指头的启发，创造了20进位的计数法，同时还兼而使用18进位计数，这种计数法非常古怪而独特。还有，玛雅人是世界上最早掌握"0"概念的民族。数学上"0"的被认识和运用，标志着一个民族的知识水平。玛雅人在这方面的才能，比中国人和欧洲人都早了千余年。玛雅人所创造的数学，适应他们按年记事的需要，以及决定播种和收获的时间，还能对季节和年度中雨水最多的时间准确地加以计算。在高明的数学水平的基础上，玛雅人还制定出了精妙的18月历法。玛雅人认为一个月等于20天，一年等于18个月，再加上每年之中有5个未列

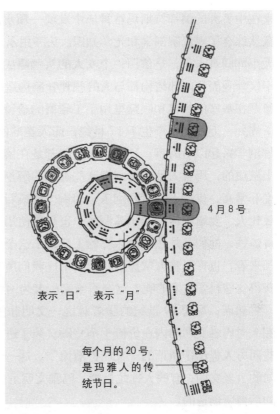

4月8号

表示"日"　表示"月"

每个月的20号，是玛雅人的传统节日。

玛雅历法　玛雅历法每52年为一个周期（这与中国古代用天干地支表示年份的方法很相似），一年有18个月，一个月有20天（见图中大、小两个齿轮），最后有5天为节日，一年共365天。

在内的祭日，一年实际的天数为365天，这正好与现代对地球自转时程的认识相吻合。玛雅人除对地球历法了解得十分精确之外，对金星绕太阳一周所需的时间也非常了解，他们计算的结果为584天，而今天人们推算结果为584.92天。

为了历法的需要，玛雅人还修建了大量金字塔和神庙。根据历法上的指示，他们每隔52年要建造一座有一定数目阶梯的大建筑物，一天为一阶，一道平台表示一月，直到顶端共计365天；每一块石块都与历法有关，每一座完成的建筑物都需符合天文上一定的要求。玛雅人建筑的金字塔与著名的埃及金字塔有所不同。埃及金字塔是空心的，内部为帝王陵寝；而玛雅金字塔为实心，塔前广场是民众参加祭典的场所，塔顶则供神职人员办公、居住或观察天象之用。

更令人惊叹的是，玛雅人竟然还掌握了现代解剖学和光学知识。1927年，科学

家在中美洲的洪都拉斯玛雅神庙中发现一颗水晶头颅。令人震惊的是，该水晶头颅竟然综合了现代解剖学和光学知识。头颅用水晶雕成，高12.7厘米，重5.2公斤，大小如同真人头，是依照一个女人的头颅雕成的。这颗水晶人头雕刻得非常逼真，不仅外观而且内部结构都与人的颅骨骨骼构造完全相符。头颅的雕刻工艺水平极高，隐藏在基底的棱镜和眼窝里用手工琢磨的透镜片组合在一起，发出炫目的亮光。众所周知，近代光学产生于17世纪，而人类准确地认识自己的骨骼结构更是18世纪解剖学兴起以后的事。这个水晶头颅却是在谙熟人体骨骼的构造和光学原理的基础上做成的，玛雅人是怎样掌握这些高深的解剖学和光学知识的呢？而且，水晶的硬度非常高，仅次于钻石和刚玉，用铜、铁或石制工具，是根本无法加工的。即使是现代人，要雕琢这样的水晶制品，也只能使用金刚石等现代工具。而玛雅人还不懂得炼铁，他们又是使用什么样的工具加工这个水晶头颅的呢？从这个奇异的水晶头颅来看，也许玛雅人掌握的科学技术比我们所想象的还要高超得多。那他们是怎样获得这些科学技术的呢？这令科学家们大为困惑。

然而，尽管19世纪的学者对这一文明非常感兴趣，但顽固和偏见使大多数欧洲人对玛雅文明的内在价值不屑一顾。为了进一步解释这些文明的发达和神奇，一些西方人提出了所谓的"文明扩散论"。这一理论认为：玛雅文明的源头是欧洲大陆的古老文明。有些人据此推断，玛雅文明是由《旧约圣经》中的"失落的十部族"的后裔所创造的。

数百年来，玛雅文明不断吸引着大批探索者。他们对天书一样的玛雅典籍，绞尽脑汁，但到头来，只能望洋兴叹。据说自第二次世界大战以后，为了研究玛雅文化，美国和苏联都投入了大量的人力和物力，甚至还使用了先进的电子计算机，但即使如此，也仅仅破译出了其中的1/3。更神奇的是，1966年，有人根据已认出的这些玛雅文字，破译了一块玛雅石碑，结果发现它竟是一部记有发生于9千万年前，甚至4亿年前的事情的编年史，而4亿年前，地球还处在中生代，根本没有人类的痕迹。难道玛雅文明真的是一种天外来物吗？

文明，毁于战争？

玛雅文明所达到的高度及其神秘色彩，的确使后人感到无比震惊。然而，玛雅人所带给人类更大的神秘还不仅此此。大约在8世纪以后，玛雅文明突然衰落了，

骷髅头墙 玛雅时代，骷髅头被放置在神庙外面。骷髅头是献祭给神的人的头骨。

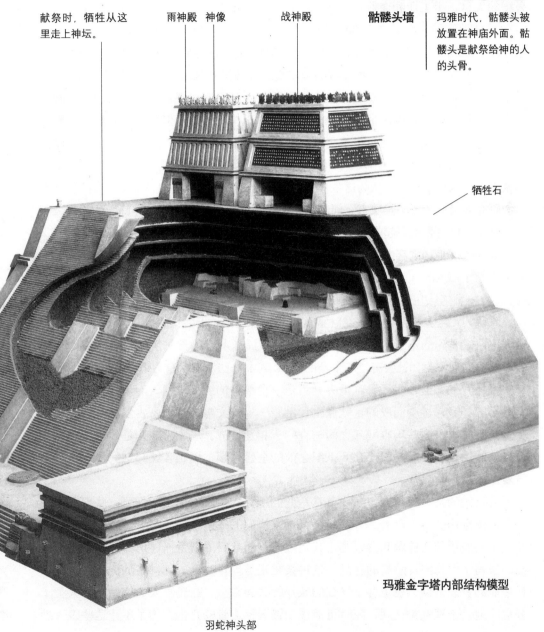

献祭时，牺牲从这里走上神坛。

雨神殿　神像

战神殿

牺牲石

玛雅金字塔内部结构模型

羽蛇神头部

而且是在极短的时间内就湮没在了密林深处。这是一个令研究者百思不得其解的问题，为当今史学界一大悬案。

考古发现表明，玛雅文明曾相当繁荣，当时玛雅人的经济、文化都非常发达。农民们依靠先进的生产水平垦殖畦田、梯田和沼泽水田，生产出大量的粮食，供养激增的人口；手工业和商业也都很发达。在750年左右，玛雅文明达到了顶峰。据估计，当时他们共有人口在300万到1300万之间，但此后，玛雅文明就逐渐走向了衰落。800年，玛雅人突然陆续放弃他们的发展中心。他们离开了辛苦建筑的城池，舍弃了富丽堂皇的庙宇、庄严巍峨的金字塔、整齐排列雕像的广场和宽阔的运动场。玛雅文明开始衰落，其征兆是不再雕刻石碑。考古学家发现，当地最后一块石碑完成于869年，整个玛雅区最后一块石碑则完成于909年。不但如此，神殿、宫殿等最足以代表玛雅文明的建筑也不再兴建，彩陶也不再制作，一般民众也很少兴建新房舍，而他们的人口也急剧减少。至今，历史学家们也没有弄明白是什么力量终止了玛雅文明，以至于有学者认为这是"人类历史上最为彻底全面的一次文化失落"。有很多研究人员认为，玛雅城市之间的战争，城市内部贵族之间的争斗，森严的等级制度，以及人口过剩所引起的经济形势恶化，是导致玛雅文化的全面崩溃的直接原因。

为了进一步确定其中的原因，20世纪80年代末，一支包括考古学家、动物学家和营养学家在内的45人组成的多学科考察队，来到了中美洲危地马拉的热带雨林地区。 这支科考队用了6年的时间，对200多处玛雅文明遗址进行了考察。结果，该考察队认为：玛雅文明是因争夺财富及权势，自相残杀而毁灭的。 特别是随着对玛雅文字研究工作的不断深入，科学家们已经破译了所有玛雅文字中的80%以上，从而能够对玛雅文明和社会有了一个新的认识，其中一些发现就有力地支持了上述观点。

现在我们知道，古代玛雅世界并不是一个单一的统一王国，而是由许多相互独立的小国和城邦拼凑而成的，就像古代希腊一样。文字记载和考古发现都能表明，在多数时间里，这些玛雅城邦之间一直疲于相互征战。玛雅人并非是传说中那样热爱和平的民族，相反，即使在8世纪之前的全盛时期，玛雅各城邦之间也一直在进行着争权夺利的战争。

更可怕的是，玛雅人不断战争竟是他们所共同信奉的宗教的需要。从现存的一些玛雅图像作品上可以看到各种战争场景，他们的战争就好像是一场恐怖的体育比赛，士兵们用矛和棒做兵器，袭击其他城市，而其目的就是抓俘虏并把他们交给本国的祭司，作为向神献祭的礼品。这种祭祀正是玛雅社会崇拜神灵的标志。这是一种嗜血的古老信仰，也是各个好战的城邦的共同宗教。在玛雅人的信仰里，人类十分危险地处于魔鬼神之间，随时可能遭受毁灭性力量的打击。为了不让这些毁灭性力量降临，他们必须诚惶诚恐地侍奉神，包括用牲口和人祭祀。于是就出现了历史上经常上演的一幕幕出于宗教原因和胜利者力量的炫耀，战俘常常遭到杀戮。另外，玛雅宗教仪式中最重要的一条就是血祭，要求祭祀者以一种极为痛苦的方式献出自己的鲜血，因为他们相信只有让神感到满意后宇宙才能运转得井然有序。从他们留下来的一些雕像中，我们常常能看到，一些国王和王后居然在自己身上放血。

彼拉斯城本来是面积很大的玛雅城邦，但在761年时，该城的王宫却覆灭了。考古学家从废墟上发现的石板文字记载上了解到，当时它遭到了邻近的托玛瑞弟托城的攻击，并遭到了斩草除根的大屠杀。随后，胜利者举行了庆祝仪式，他们破坏了王宫、神庙。而此后，这座曾繁荣一时的城市就被舍弃在热带雨林之中。考古学家在废墟中还发现了一个装有13个8～55岁男人头颅的洞。

此外，各玛雅城邦内部也矛盾重重。7世纪中期以后，随着政治联姻情况的增多，除长子外的其他王室兄弟受到排挤。于是有一些王子离开家园去寻找新的城市，而大部分则留下来争夺继承权。长期的争夺权力、财富和美女的战争，使得生灵涂炭，

玛雅文明与中国古代文明的神秘相似

人种方面：从人种学来看，玛雅人和中国人都有明显的蒙古人种的独有特征，有研究表明，玛雅人与中国人的掌纹线也极为相近。

文字方面：玛雅人使用的是象形文字，其发展水平与中国的象形文字很相近，有趣的是，他们的象形文字在符号组合上比汉字还要复杂，所以至今还没有人能够完全解读。

艺术方面：最典型地体现在陶器的制作上，玛雅人所制作的袋足彩陶罐，罐上的乳状袋足和鲜艳的色彩，以及对比强烈的红、黑色几何图案非常醒目。目前在考古学界，通常认为乳状袋足是中国史前陶器中最有特色的器形，但它竟然在美洲多支印地安民族的陶器上可以看到，这实在令人感到惊奇。

玉器方面：玛雅文明留存下来很多玉器，制作精良，表明玉器曾在他们的生活中占有重要地位。在世界古代文明史上，只有中国人和玛雅人两个民族，喜爱玉石并且具备精巧的玉器雕琢能力。更为巧合的是，这两个民族都有把玉与生命、繁衍联系起来的信仰。考古学家还发现，玛雅人的有些玉器竟与中国江南史前文化——良渚文化的玉饰有惊人的相似。

信仰方面：在玛雅文明中，经常有羽蛇神形象出现，这一形象与中国腾云驾雾的龙非常相像，而玛雅人壁画上的羽蛇神头像以及古玛雅祭司所持双头棍上的蛇头雕刻，也很接近龙头的造型。考古学家还证实，玛雅人对于羽蛇神的崇拜，其实和中国人对于龙的祭拜理由是一样的，都与祈雨有关。

另外，还有一些惊人的发现，比如在玛雅文明的废墟中，人们竟然发现与中国的太极图一样的东西。

贸易中断，国家毁灭，而最终估计只有 10% 的人幸存下来。

今天，虽然仍有 200 万以上的玛雅人后裔居住在中美洲各国，但是玛雅文明中的精华，如象形文字、天文、历法等知识却永远地成为了历史。

大自然带来的灭顶之灾？

有些学者尽管也认同玛雅人历史上曾发生过的战争，但却对玛雅文明的突然湮没抱有更有新意的看法。特别是一些历史学、考古学以外的科学家，提出了一种更大胆的观点，即认为玛雅文明的衰落更多的是由于大自然的原因。

一些科学家经过多年研究，认为玛雅文明是毁于干旱，这一观点目前也被许多研究者认可。他们认为，连年发生旱灾摧毁了古文明赖以生存的农业；而玛雅人当时的水利知识却很贫乏，于是农业的歉收引起了一系列连锁反应，最终导致文明的毁灭。不过，导致这些地区旱灾频发的原因是什么呢？这又成为学术界争论的焦点。

曾有一些学者认为，对环境的破坏是造成干旱的直接原因。他们的理由是：玛雅人的宗教信仰使他们所有的城市都是以宏伟巨大的金字塔和神庙为核心，在兴建金字塔和神庙时，玛雅人习惯于用白石灰来粉刷外墙；而烧制石灰就需要大量木柴，于是玛雅人便开始砍伐森林。随着城市规模不断扩大，金字塔的日益增高，对木柴的需求量也越来越大，最后，大片森林被砍伐殆尽，当地的环境也逐渐恶化，从而引发包括干旱在内的一系列后果。

最近，一些科学家提出了新的观点，他们认为玛雅地区发生的旱灾有着明显的周期性，大旱灾每隔 208 年就发生一次，并因此提出一个新的见解：玛雅文明的消失与太阳的周期性活动增强有关。来自美国佛罗里达州大学的地质学家霍德尔就是这一理论的提出者，这一观点曾发表在权威的《科学》杂志上。

霍德尔领导的这项研究，是从墨西哥南部的奇昌卡纳布湖湖底的沉积物开始的。他们在湖底钻孔，取得了 1.9 米的沉积岩岩芯样本，并对样本中的碳酸钙浓度进行了研究。由于干旱年份湖水的蒸发量较大，相对时期沉积物中碳酸钙的浓度也就较高。碳酸钙浓度高的岩层，对应的年份就一定发生过旱灾。 研究的结果是惊人的。沉积岩中的碳酸钙浓度，在年代上表现出了明显的周期性。每隔 208 年，湖底的沉积物中就有高浓碳酸钙层出现，也就是说，每隔 208 年，当地就会发生一次旱灾。最严重的一次发生在公元 750 ~ 850 年，而这正是玛雅文明消失的年代。而 208 年这个周期，和目前太阳活动每 206 年就有一次增强的周期正好吻合。 霍德尔在地质学上的研究，为解决这一历史之谜带来了突破。科学家指出，虽然太阳活动的周期事实上变动的幅度大约仅有1%，但却足以造成玛雅文明心脏地带干旱的发生。事实上，当科学家将玛雅文明的发展与太阳活动的周期一起研究比较时，就发现每次遇到干旱发生，该社会文明的发展便有趋缓的现象。

不久前，瑞士苏黎世联邦技术研究院的一个国际研究小组也有类似的发现，在公元750～950年间，玛雅文明经历了一次漫长的旱季，中间发生过3次持续时间为3～9年的大旱灾，上述三次大旱

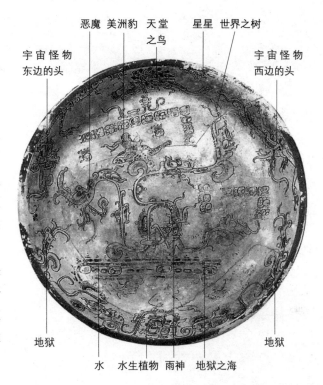

玛雅"宇宙盘" ｜ 这只盘子表达了玛雅人的宇宙观。

灾分别发生于公元810年、公元860年和公元910年。这些灾害给予玛雅这个早已濒临绝境的文明最后一击，使其彻底崩溃。在9世纪早期，许多城镇都遭到废弃。正是由于太阳活动带来的气候异常和干旱，使得玛雅文明走向衰落。事实表明，在8世纪时，玛雅社会曾有大约1300万人，但是在后来不到200年的时间里，他们的城市却迅速变得荒芜了。

不过，有些学者却并不认同上述观点。比如宾夕法尼亚大学考古与人类学博物馆馆长沙布诺夫就认为，干旱只是一连串事件中的一件，但绝不是全部答案。因此，学者们一致认为"玛雅文化为什么崩溃"和"玛雅文化是怎样崩溃的"仍是当今文明研究中最棘手的问题。

推荐阅读　① （美）诺曼·哈蒙德著，郑君雷译：《寻找玛雅文明》，浙江人民出版社，2000版。

② 马振骋编：《玛雅文明：密林中的人间奇迹》，重庆出版社，1999版。

③ 朱龙华著：《叩问丛林：玛雅文明探秘》，云南人民出版社，1999版。

④ （美）埃里克·乌姆兰德等著，李宗渠译：《古昔追踪：玛雅文明消失之谜》，江苏科学技术出版社，1983版。

油画《亚历山大征服巴比伦》（局部）

3

夭折的征服者：
亚历山大猝死之谜

公元前 4 世纪 30 年代，在欧亚非大陆交汇之处，出现了一位伟大的征服者——亚历山大，这位比中国的秦始皇还早 100 年的年轻帝王，率领其军队纵横世界，兵锋所至，所向披靡。短短的 10 年间，希腊、埃及、巴比伦、波斯、印度这些古代世界的辉煌文明，纷纷向他低下了高傲的头，被迫将各种尊贵的称号赠给他。然而，仅仅 10 年后，横亘在三大洲大地上的庞大帝国，却因亚历山大的猝死而轰然倒塌，迅速走向分裂和衰落……

扫码获取更多资源

天折的征服者：亚历山大猝死之谜 **39**

步兵随从中的上等兵

昙花一现的帝国

公元前 356 年，在希腊北部的马其顿王宫，一名王子呱呱坠地了。他，就是后来的亚历山大大帝（公元前 356 ~ 前 323 年），古代世界最著名的征服者。

这名天资聪慧的王子，深得国王腓力二世的喜爱。当他长到 13 岁时，父王就

亚历山大追击大流士一世的战斗 | 亚历山大不带头盔，向刀枪如林的大流士一世军队冲杀过去。

骑兵随从　　标枪手　　　　　　　　　　　　　　　　　色萨利骑兵军官

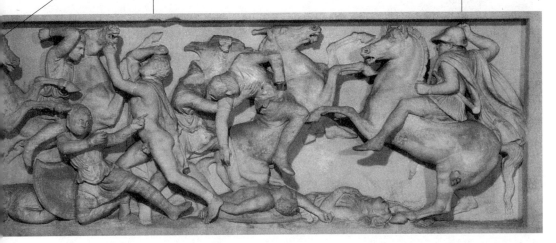

亚历山大的部队 | 亚历山大的部队主要由马其顿人组成，此外还包括希腊城邦、小亚细亚王国的结盟军队。这支混杂的军队不仅靠纪律、训练及组织，而且靠亚历山大激起的献身精神团结在一起。此图向人们展示的是亚历山大军队与大流士军队交战的情景。

聘请了当时世界最著名的哲学家亚里士多德给他当老师，希望其受到良好的教育。亚历山大从小就具备勇敢、倔强而自负的个性。据说，有一次，当目睹儿子年纪轻轻就驯服了一匹成人都束手无策的烈马后，腓力二世曾意味深长地对儿子说："我的孩子，我这个王国对你已经不够大了，你去开辟新的王国吧！"

后来的事实证明，腓力二世的确是一位具有远见卓识的国王。实际上，当时的马其顿王国，经过腓力二世的锐意改革，已成为希腊地区一个举足轻重的国家，尤其是其军队的战斗力不可小视。公元前337年，经过几次规模不大的战争，希腊大部分地区都已归入马其顿的势力范围。随后，这个新兴的王国就跃跃欲试，跨越赫勒斯旁海峡，向古老的、庞大的波斯帝国发动攻击了。

公元前336年，一切准备就绪，在准备出兵之前，腓力二世为一位女儿举行了盛大的婚宴。然而，就在宴会上，突然窜出一位青年，手持匕首刺杀了国王。腓力二世死后，马其顿马上陷入了一片混乱。但是，继承王位的亚历山大，凭借其勇敢、才智和抱负，迅速稳定了局势，而此时他刚满20岁。两年后，与父亲一样怀有勃勃野心的亚历山大，再次把注意力转向了东方的波斯。当时的波斯统治着从地中海一直蔓延到印度的广阔领土，并多次入侵希腊，如赫赫有名的马拉松战役就发生在其间。那时，虽然波斯帝国的鼎盛时期已成为过去，但仍是当时地球上最庞大、富强的帝国。

公元前334年，经过一番准备后，亚历山大发动了对波斯帝国的进攻。尽管手

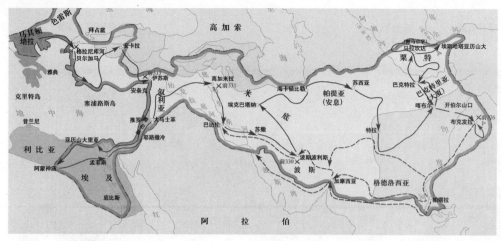

马其顿东侵路线图

中仅有 3.5 万人的部队，但亚历山大凭借其杰出的军事天才和训练有素的士兵，获得了一个又一个的胜利。据说在临行前，他把自己的所有地产收入、奴隶和畜群都分赠给人。一位大将迷惑地问他："请问陛下，您把财产分光，给自己留下什么？""希望。"亚历山大说，"我把希望留给自己，它将给我无穷的财富！"将士们被亚历山大的雄心所激励，他们决心随他到东方去掠夺更多的财富。

经过短短几年的征服，亚历山大先后打败了波斯，逼死了该国国王大流士三世；占领了埃及，在那里被奉为法老；进入阿富汗乃至印度。在印度，由于气候炎热，士兵们水土不服，加上连年征战，十分疲惫，拒绝再向东前进，才使亚历山大的征服行动暂告一段落。返回波斯后，亚历山大开始对其闪电般建立起来的横跨欧、亚、非三大洲的庞大帝国进行整顿。毕竟是亚里士多德的学生，这位军事天才并不只会打仗，文化修养也很高，行政管理能力很强。在他的努力下，希腊文化和中亚文化很好地融合在一起，从而开启了长达 300 年的希腊化时代。据历史记载，亚历山大后来还试图继续开展征服活动，在其计划中，甚至包括了阿拉伯、不列颠等地区。但是，这一切都终未发生。因为在公元前 323 年 6 月，身在巴比伦的亚历山大突然死去，时年仅 33 岁。据说，他最喜欢的书是荷马史诗《伊利亚特》，他一心想成为史诗中阿喀琉斯那样的神话英雄，创造辉煌的伟绩。可是，神话英雄阿喀琉斯却也是短命而死。

接下来，在同样短暂的时间里，这个庞大的帝国就如同其创立者本人一样猝然死亡了。由于死时非常年轻，亚历山大生前没有指定接班人，结果在他死后不久，帝国内部就展开了一场场夺权斗争。在这些夺权斗争中，包括亚历山大的母亲、妻子和孩子在内都惨遭杀身之祸。而在他的几位得力部下各自分割地盘、自立王国之后，盛极一时的亚历山大帝国也宣告结束了。尽管亚历山大帝国只存在了13年就崩溃了，但该帝国的存在，客观上却促进了东西方经济和文化的交流，以至于直到今天，仍有许多以亚历山大命名的著名城市。

神秘而复杂的人格

至今，亚历山大这个名字仍响彻世界，说他是西方有史以来最伟大的领袖人物之一，一点都不过分。同时，亚历山大在其短暂的一生里，留给后人太多的疑问，尤其是关于他的英年早逝，几千年来一直是人们所热烈关注和探讨的话题，并产生了观点各异的说法。在探究亚历山大的死因时，人们又不得不首先为其极为复杂的人格而迷惑。

毋庸置疑，这位像流星一样划过历史天空的伟人，引来了后世无数惊叹的目光。法国著名作家蒙田在其随笔《论盖世英雄》中评价亚历山大是与荷马并列的英雄人物，他感慨道："亚历山大大帝，他很早就开始他的事业，用那么少的手段完成那么辉煌的理想；当他还是一名少年，已在追随他在全世界作战的名将中间树立了威信；命运对他的特殊眷顾，使他完成了许多偶然的，有的我甚至要说是轻举妄动的功勋。"的确，当他只有33岁时，已在广阔的大地上所向无敌，以致人们无法想象，他若有常人的寿命，还会做出什么来。那些褒扬他的评论者认为他一身集中了众多的美德：正义、节制、豁达、守信、笃爱，几乎是无可挑剔。亚历山大在世界历史上的影响无疑是巨大的，据说，在他逝世后很多年中，人们普遍笃信：他颁发的奖章会给佩戴的人带来幸福。在将他与古代另一位伟大的征服者恺撒进行对比时，大多数人认为他要远胜于后者。

然而，所谓人无完人，这位一代英才也有许多人格上的缺陷。这些缺陷，就如同互相矛盾的水火一样交织在他的身上，令人大惑不解，也招致人们的非议。

对许多人而言，亚历山大是令人敬爱的，因为他对被打败的敌人也能经常给予宽容和爱护。在对波斯的战争中，大流士三世是被自己手下的一名总督贝苏斯杀死的。但贝苏斯去向亚历山大投降并请求宽恕时，性格爽直的亚历山大由于向来痛恨搞阴谋诡计、反复无常的小人，非但没有收留这个背叛者，反而下令处死了他，但是他却娶了贝苏斯之女罗克珊为王后，不久又娶了大流士三世之女斯塔提拉。但有时他却没有这种宽容，尤其是对那些被征服的平民百姓。当他攻打底比斯、腓尼基等城市时，曾因为遇到过顽强抵抗而下令屠城，将大批居民卖为奴隶；当占领波斯后，

亚历山大与赫费斯特翁一同出席宴会

曾将大量战俘屠杀；当进军印度时，曾背信弃义地处决许多投降者；甚至在占领科赛时，曾残暴地杀戮许多儿童。在对待部下和朋友时，他通常慷慨而宽厚，但有时却又凶暴残忍，自私自利。有一次，因酒后发生争执，他竟亲手杀死了他的亲密朋友、救命恩人克雷图斯，而在酒醒后又表现得极度悔恨。

还有，亚历山大对待文化艺术的方式也让人很不解。作为亚里士多德的学生，他智慧非凡，并且尊重文化界人士。据说，他非常尊敬亚里士多德，为其创造了良好的工作环境，在行军中，他常把沿途的各种见闻写信告诉他的老师。有一次，当碰到敢于瞧不起自己的希腊哲学家戴俄泽尼时，他居然没有发怒，而是羡慕地说："假使我不是亚历山大的话，我就想做戴俄泽尼。"但同样是这个人，却犯下一些毁灭人类文化成果的罪行，其中之一就是焚毁了壮丽的波斯王宫。

波斯王宫位于今伊朗法尔斯省首府东北60公里处，是国王大流士在位时期于公元前6世纪至公元前5世纪建造的。据记载，这座王宫规模宏大，有许多精美的雕像和高大的石柱，还有很多珍贵的壁画和黄金、象牙装饰物，可谓当时世界上的艺术宝库。公元前330年，亚历山大打败大流士三世后，素来珍爱文化艺术的他，竟然在占领波斯王宫后，下令将其焚毁，使这一宏伟壮丽的建筑化为灰烬。一些历史学家认为，亚历山大之所以焚毁波斯王宫，是为了取悦一位名叫泰绮思的妓女。古罗马著名的历史学家普鲁塔克在其名著《希腊罗马名人传》中，曾对这一事件进行了详细的描述。据说，亚历山大在一次庆功宴上喝得酩酊大醉，而坐在他身边的雅典名妓泰绮思对他开玩笑地说，愿不愿意放一把火把波斯王宫烧掉？亚历山大一时冲动，真的就放起火来了，一时之间整个宫殿都陷于一片火海之中，当将士们匆忙赶来时，只见烂醉的亚历山大正不停地放火取乐，因此谁也不敢阻止。尽管当亚历山大清醒之后，对自己的鲁莽行为非常后悔，但波斯王宫的被焚却是无可挽回的。

还有一件趣闻值得关注，那就是亚历山大与其密友赫费斯特翁之间暧昧的关系，这导致很多人甚至认为他是一个同性恋者。尽管亚历山大娶了两位王后，其中一位还为他生下了王子，但大多数人认为他和好友赫费斯特翁的关系暧昧，而这一切并不是空穴来风。据记载，亚历山大是一位外貌非常出众的人，他眉清目秀而气宇轩昂，是个十足的美男子。赫费斯特翁是马其顿贵族，从小就在王宫中生活，深得腓力二世的喜爱，并成为亚历山大儿时最亲密的好友，乃至后来成为他传说中的爱人。实际上赫费斯特翁在军事和外交方面也很有才干，并跟随亚历山大赢得了许多战役的胜利。亚历山大迎娶王后时，正是赫费斯特翁充当男傧相，而他本人后来也迎娶了一位波斯公主。但在公元前324年，赫费斯特翁因病去世，亚历山大似乎受到了严重的打击，从此竟郁郁寡欢，不到一年的时间就因病身亡。

作为历史上最富有戏剧性的人物，后世许多人往往将亚历山大同拿破仑、希特勒进行比较，因为他们都有军事才能、强烈的征服欲和复杂的人格。但客观地说，亚历山大的影响要比其他两个人更加深远。

父子猝死之谜

亚历山大留给后世最大的谜团，就是他的猝死，因为他到底死于何种原因一直是人们希望解答的悬案。巧合的是，亚历山大的父亲腓力二世，同样属于猝死，而且其被刺杀的背后同样有众多疑点。在探讨亚历山大父子二人的猝死时，有一个人是非提不可的，她就是亚历山大的母亲奥林匹亚斯。

奥林匹亚斯本是伊庇鲁王国的年轻公主，在嫁给腓力二世时只有14岁，从现存硬币上的图案来看，她曾是一个非常美丽的女人。然而在历史学家的描述中，这个女人带有浓重的巫婆色彩，还被描绘成性情乖张的妖女，迷信一些原始邪教，甚至把蛇带到他们夫妻的卧房里。奥林匹亚斯的种种怪癖，很快就使腓力二世对她丧失了兴趣，日渐充满了厌恶之情，并转而另觅新欢。而受到冷落的奥林匹亚斯除了对儿子倾注更大的心血外，更加沉溺于那些邪恶的巫术。

公元前336年，正当腓力二世准备集结希腊各城邦的力量向波斯进军时，却在为女儿举行的婚宴上遇刺身亡。这年夏天，腓力二世在王国的旧都皮拉为即将嫁给伊庇鲁斯国王的女儿举行盛大的结婚典礼。婚礼场面热闹而奢华。腓力二世当天身穿节日的白袍，喜气洋洋，没有佩带武器，在一群喜庆的宾客簇拥下，走进礼堂。正当腓力二世通过礼堂入口时，突然，一名卫兵打扮的人猛冲出来，拔出短剑直往腓力二世胸前刺去，腓力二世未及躲闪，转瞬间就倒在血泊之中。凶手早已备好马匹，打算事成后立即逃跑，不料马脚被野藤绊住，他从马鞍上摔了下来，当场被人击毙。经查证，凶手名叫鲍舍尼亚斯，是一个年轻的贵族。尽管当时马其顿宣称刺客是波斯人所派，其意图很明显是为了阻止远征波斯战争的进行，但大多数人认为，谋划刺杀腓力二世的是马其顿贵族，因为腓力二世的政治改革损害了他们的利益。不过，从一开始，就有人暗地里怀疑是腓力二世的妻子策划了这起阴谋，而亚历山大很可能也参与其中！据有的学者分析，由于当时腓力二世已对其妻奥林匹亚斯极度疏远，而且人们都风传他将娶另一位美女为新的王后，而这无疑也会大大威胁身为王子的亚历山大的继承权。

古希腊史学家普鲁塔克也怀疑刺杀阴谋一事与亚历山大有关，他认为：刺杀腓力二世的罪行最主要应该归咎于奥林匹亚斯，正是她指使刺客采取行动，同时应直接受到怀疑的还有亚历山大本人；而亚历山大即位后，马上宣布这件谋杀案完全是出自波斯的国际阴谋，是为了阻止马其顿的东征而使出的手段，但这种冠冕堂皇的解释实际是为了掩饰其真正的动机。在丈夫死后，奥林匹亚斯在国家政治生活中常常扮演重要角色。在亚历山大离开马其顿王国去东征期间，曾任命安提帕特治理国家，然而野心勃勃的奥林匹亚斯每每从中作梗。不过当亚历山大死后，安提帕特的儿子卡山德却成为摄政王。公元前 316 年，卡山德宣判奥林匹亚斯死罪，并不准她以基督教仪式入葬。

至于亚历山大的猝死，历史上一直有多种说法，至今仍没有绝对使人信服的结论，尽管当时的历史学家曾对他最后的一段日子作了详细的记录。著名历史学家阿利安记录道：（公元前 323 年）5 月 29 日他因发烧睡在浴室中。翌日沐浴后进入寝宫，与米迪厄斯整日玩骰子。晚间沐浴，献祭神明，进餐，整夜烧未退。5 月 31 日依例再沐浴、献祭，躺于浴室中之际，听尼尔朱斯讲述航行大海探险经历取乐。6 月 1 日烧得越发厉害，他整夜难安，次日整日高烧。他命人将床移至大浴池旁，躺在床上与诸将领讨论军中空缺及如何挑选补足。6 月 4 日病况更为恶化，须由人抬至户外进行献祭。之后他命高级将领在宫廷院内待命，命亲兵指挥官夜宿寝宫外。6 月 5 日他被移至幼发拉底河对岸的王宫中，略睡一下，但高烧不退。当将领们进到宫中，他已不能言语，直到 6 月 6 日均是如此……

根据历史记载，亚历山大在临死前曾一直过量饮酒，发病期间有高烧不退症状。古罗马历史学家阿利安在其著作中，对此有详尽的记载。他写道：自从其密友赫费斯特翁死后，在最后的一段日子里，什么都不能制止亚历山大贪恋杯中物，连王后临盆也不顾，反而喝得更凶，以麻痹自己；那年5月他又为尼尔朱斯举办盛大的饮宴，在连喝两天后开始感觉发烧，而且烧得越来越严重，他口渴，又喝更多酒解渴，结果昏迷不醒，最终引发肝功能衰竭而死去。

　　一些正统的史书认为他是在征服期间不幸感染上了恶性疟疾，由此发烧多日而死的。也有人认为，他是因过量饮酒而导致身体虚弱得病而死的。不过在最近，有一些研究者从医学的角度提出了新的观点。美国弗吉尼亚州卫生健康部的流行病学家约翰·马尔和科罗拉多州立大学的传染病专家查尔斯·卡利谢尔通过研究宣称：亚历山大是感染了一种名为"西尼罗河"的病毒而死亡的，他们声称这是在通过对历史的分析以及先进的测试后得出的结论。他们还认为，这种"西尼罗河"病毒很容易以鸟类或者其他动物作为宿体，通过蚊子传播进而感染人类，而历史著作的记载在很大程度上也与其推理吻合。这两位医生为此引证了历史学家普鲁塔克的记载："当亚历山大三世到达巴比伦一处断壁残垣时，发现空中盘旋着许多乌鸦，它们互相叮啄，一些死乌鸦从空中摔落下来，掉在亚历山大身边。"根据这一细节，他们分析这些乌鸦很可能就是感染了"西尼罗河"病毒，然后将病毒传染给亚历山大。此外，二人还将亚历山大的呼吸道感染、肝功能紊乱以及皮疹的症状输入到一种诊断程序，程序测试结果显示，亚历山大感染"西尼罗河"病毒的概率是100%，这

亚历山大病后在床上休息，众将官悲不自禁。

倘若亚历山大不死，历史将如何改写？

传说亚历山大曾留有一份征服世界的计划：

军事：征服阿拉伯；建造 1000 艘特大的战船，以便攻打迦太基和地中海西部；开辟横越北非、由亚历山大港到直布罗陀的军事道路，沿途建港口、基地和军火库。亚历山大甚至打算将版图扩大到不列颠群岛。

建立新城市：在欧洲与非洲之间进行人口大移民，亚里士多德曾建议亚历山大把伊朗统治阶级移到欧洲去，为即将缔建的世界希腊国做必要准备。

大手笔的建筑计划：完成海菲斯提恩火葬台；在马其顿和希腊建造 6 座宏伟的庙宇，要达到世界奇观的水准，其中包含重建特洛伊的雅典娜庙，使之成为"全世界著名胜地"。亚历山大要为父亲腓力二世兴建金字塔墓，以抗衡并超越吉萨的大金字塔。这么做，马其顿世界帝国的缔造者将享有世间最气派的纪念碑。

这些"最后计划"太不合常情，显然亚历山大生前是有继续征服的雄心壮志。他不是只想超越前人，更要让后人赶不上他。

验证了他们观点的正确性。不过，对于这种推断，同样有一些医学家表示怀疑。美国罗得岛大学的流行病学家托马斯·马思虽也赞同这是一项值得关注的研究，但是对上述结论却表示异议，其理由在于：易受"西尼罗河"病毒感染的人群一般是老人或者是免疫力低的人，而亚历山大当时只有 33 岁，且年轻健壮，因此他感染此病毒的概率会很小。

不过，无论是在当时还是后世，人们最关注的是，亚历山大到底是否被人投毒，因为许多人根本就不相信他是因病而死。虽然当时包括历史学家普鲁塔克在内的传记作者，基本上无人怀疑亚历山大是遭人下毒而死。但在亚历山大死亡 5 年后，国内突然有传言说他是中毒而死，而其母后奥林匹亚斯也曾因此处死许多人，并命人把亚历山大的斟酒官艾欧拉斯的骨灰散入风中，理由就是怀疑他下毒。甚至有一些历史学家认为，策划毒死亚历山大的，正是其老师亚里士多德，而毒药也完全是由他提供的。多年以来，希腊人一直对马其顿的统治心怀怨恨，对亚历山大本人也深恶痛绝。当下毒者是艾欧拉斯的说法传到雅典时，民主派们一片欢呼，雄辩家狄摩西尼提议大家表决向艾欧拉斯致谢。

还有的研究者认为，亚历山大极有可能是死于慢性番木鳖碱中毒，而聪明的下毒之人正是亚里士多德，因为亚里士多德的弟子兼友人植物学家锡奥夫拉斯特斯曾提及此物的用途及剂量，并说"掩盖其苦味之上策，即使用于纯酒中"，相信这不会完全是巧合。不过对这一段历史了解最清楚的普鲁塔克也没有明确告诉人们真相，他只写道："初时亚历山大对亚里士多德评价极高，敬爱他超过其父，但最后几年渐渐对他产生怀疑。他从未实际害及他，但其友谊已丧失原有之热情与爱，显见两人已渐行疏远。"除了亚里士多德，一些亚历山大的部下也有谋杀的嫌疑。因为随着军事上的极度成功和威望的不断增长，亚历山大当时已变得具有东方专制君王的诸多做派，而这是向来有希腊民主传统的多数人所无法容忍的。结果，很有可能，亚历山大许多昔日的好友和亲信，在目睹他染上东方化的奢靡作风、动辄杀人的暴怒，甚至竟敢自封为神以后，觉得他已变成暴君，为所欲为而喜怒无常，从而终于走出了这一步。正如亚历山大的老师亚里士多德自己说过的："无人可自由地忍受如此统治。"

更离奇的是，在亚历山大死亡 600 年后，他被葬在埃及亚历山大城的尸骸竟突然失踪，这又在后世引起了轩然大波。该事件发生后，考古界就一直将寻找亚历山大的尸骸列为最值得关注的课题之一。不久前，一位名为安德鲁·楚格的英国考古专家公布了他的重大发现：亚历山大的尸骸就埋在位于意大利威尼斯的圣·马可墓中，他主张应掘出墓中的遗骸进行尸检。此言一出，随即招来众多非议，因为圣·马可是天主教的圣徒。

作为研究亚历山大的专家，楚格曾出版过多本相关著作。他坚信在 4 世纪的基督教混乱之中，有人将亚历山大的尸骸伪装成圣·马可的尸骸而秘密埋在当时的亚历山大城，随后遗骸又被辗转运至威尼斯。他进一步论证道："据记载，亚历山大大帝和圣·马可的遗骸都是用亚麻裹住，经过干尸化处理。亚历山大的尸骸遗失不久就出现了圣·马可的坟墓，而且都是在亚历山大城的中心广场附近，地理位置几乎相同。很有可能是教会中的高层神职人员，甚至有可能是大主教亲自下决定把亚历山大的尸骸伪装成圣·马可的遗体。几个世纪后，威尼斯商人将尸骸偷出并运至威尼斯。"

目前学术界对楚格的观点存有很大分歧，牛津大学的专家罗宾·福克斯认为这是无稽之谈。但是剑桥大学的希腊历史教授保尔·卡勒吉则对这一观点持积极态度。甚至有人提出："如果能将尸骸挖出并进行 DNA 测试，再和亚历山大的父亲的尸骸进行对比，问题就可以水落石出了。"相信这一系列谜案，绝不会在短期之内得到彻底解答。

推荐阅读　① （古希腊）普鲁塔克著，吴奚真译：《亚历山大大帝传》，团结出版社，2005 版。

② （法）P. 勃里安著，吴岳添译：《亚历山大大帝：在版图的最前线》，上海书店出版社，1999 版。

③ （德）汉斯－克里斯蒂安·胡夫主编：《征服世界：亚历山大大帝》，中国社会出版社，2000 版。

恺撒手托着地球，这寓示了他的雄心。

4

独裁者的悲剧：

恺撒之死

　　他是古代西方最伟大的统帅和征服者之一，与亚历山大齐名。伟大的戏剧大师莎士比亚曾专门为他创作了一部戏剧:《尤利乌斯·恺撒》。他虽然生活在古罗马共和时期，却常被人们称为"大帝"。在后世的欧洲，他的名字就被作为帝王的专用词，最典型的当属俄国的"沙皇"。然而，他又是一位悲剧性的人物。正当他处于事业顶峰之时，却被阴谋者所刺杀，身中23刀而死。更可悲的是，刺杀者当中，居然有他最信任的、被他认为是自己的私生子的人。那么事实的真相究竟如何呢？

伟大的征服者

公元前 100 年 7 月 13 日，罗马著名的尤利乌斯家族诞生了一名男婴，他就是罗马历史上最伟大的人物之一，政治家、军事家尤利乌斯·恺撒。

公元前 1 世纪时的罗马，正面临一个转型时期，虽然它的国力强盛，但同时也出现了许多社会问题。一方面是由于在对外征服中屡屡获胜，大量的奴隶和财富源源不断地流入罗马，从而滋生了一批腐朽的贵族元老。另一方面，国内的阶级矛盾日趋激烈。下层人民不断起来反抗罗马贵族的统治，著名的斯巴达克起义就使得罗马元气大伤。此前的几百年，罗马实行的一直是共和体制，但这时却越来越走向集权和独裁。在恺撒出生的那个年代，罗马就先后出现了马略、苏拉等统治者。正是这一特殊的历史背景，造就了恺撒的成就。恺撒的家世可谓相当显赫，他在父系亲属和母系亲属都出身纯粹的贵族家庭。赫赫有名的马略还是他的姑父，而他外祖父也曾担任过执政官，并在早年给予了恺撒强有力的支持。为此，在登上罗马最高权力宝座后，恺撒还努力为自己创造了一个神圣的家谱，声称自己是罗马神话英雄伊尼阿斯的后裔。

恺撒像

在早年，恺撒接受了良好的教育，学习辩论、哲学、法律以及军事等。经过严格训练，他能讲一口流利的希腊语，而且对希腊历史产生了浓厚的兴趣，并对希腊古代伟大的征服者亚历山大大帝充满了崇敬和羡慕之情，发誓长大后要做亚历山大式的人物，成为"罗马第一人"。

公元前 82 年，恺撒通过在海外活动开始了他的政治生涯，并迅速显示出了非凡的军事和外交才能。公元前 75 年，他曾在旅途中被海盗劫持，最后以 50 塔兰特的赎金获释。而他获释之后做的第一件事就是组织一支舰队，然后捕获所有劫持他的海盗，并把他们全部钉上十字架。30 岁时，恺撒通过选举当选为财务官，并获得元老院议员的资格。此后，他又曾在西班牙负责财政事务。就是在西班牙期间，发生了改变他命运的一件事。有一天，恺撒在神庙中看到了亚历山大大帝的塑像，联想到亚历山大在 30 岁时已征服世界，而自己却依然无所作为，于是抱负宏大的他主动辞职离开了西班牙。再次回到罗马后，恺撒

先后担任了市政官、祭司长、大法官以及西班牙总督等显赫的职务，从而一步步登上权力的顶峰。

公元前60年，通过一系列政治手腕，恺撒、庞培和克拉苏（庞培是军事实力派，克拉苏则是罗马第一富豪）缔结了政治联盟，这就是罗马历史上著名的"前三头同盟"。三人结盟后，恺撒的势力大增。但为了获取能与另二人相抗衡的资本，恺撒于公元前58年发动了对高卢地区（相当于今天的法国）的战争，在长期

恺撒与克丽奥帕特拉一起步入王宫　恺撒追击庞培到埃及时，遇到了埃及艳后克丽奥帕特拉。克丽奥帕特拉的美貌使得不可一世的恺撒为之倾倒，甚至不惜得罪元老院，千里之遥将她带回罗马。

的高卢战争中积蓄了实力。其间，恺撒率军征服了外高卢，并占领了不列颠岛北部800多个城市。当他回到罗马城时，率领着部下风光无限地通过凯旋门，身后则是抬着缴获的2800顶金冠的士兵，罗马城万人空巷，民众纷纷去欢迎他。随着大量战利品和奴隶源源不断地送到罗马，恺撒的声望几乎达到了顶峰。公元前53年，克拉苏在亚洲战场上阵亡，于是恺撒与庞培之间的对抗也日趋激烈。公元前49年，恺撒与庞培之间的内战终于爆发了。结果，恺撒的军队势如破竹，庞培仓皇逃往希腊，不久又逃往埃及，最终在那里被杀。内战结束后，恺撒被选为终身独裁官，而且还拥有统帅、大教长和"祖国之父"等尊号，集各种大权尊荣于一身，成为名副其实的军事独裁者。后来，西方的一些帝王便纷纷以"恺撒"自称，如俄国的"沙皇"就由此而来。

在西方历史上，恺撒是与亚历山大和汉尼拔齐名的伟大军事家和征服者。他在军事战术上的主要贡献，就是善于选择主要突击方向，巧妙地分割敌军，将其各个击破。在战斗队形中通常留有强大的预备队作为重要组成部分，用来加强部队在主要方向上的突击力量，这是一项伟大的创举。另外，由于他决定采用的历法成为现在大多数国家通用的公历的前身，并且把7月以自己的名字命名为JULY，他成为家喻户晓的人物。更难得的是，恺撒还是一位杰出的作家。他一生勤于著述，流传到后世的著作有

《高卢战记》、《内战记》等，都是他自己亲身经历的战争回忆录，文笔清晰简朴，行文巧妙。

"祖国之父"的结局

打败庞培，赢得罗马内战后，恺撒被罗马公民大会和元老院授予了终身荣誉头衔——"祖国之父"。恺撒顺理成章地把军、政、司法和宗教大权都掌握在手中，建立起个人的独裁而开明的统治。首先，他对已经非常腐败的共和制度进行了改革，在元老院增补了300名成员，而这些成员多数来自被元老贵族轻视的商业和一般职业阶层，他们宣誓绝不反对恺撒的任何命令。另外，恺撒还慷慨地授予自由奴隶的子女和高卢人以公民权，给受迫害的犹太教徒以宗教信仰的自由，还将许多居民移居到法国、西班牙、希腊等地。他采取种种措施制止了税收官的投机活动，保证了货币的稳定和流通等。总之，独裁的恺撒却给人民带来了一个公平、仁慈、开明的社会，将罗马塑造成一个强大的中央集权帝国，使罗马成为古代最鼎盛的帝国之一。正是因为如此，很多历史学家称他是才干卓绝、仁慈大度的君主，一位出类拔萃的政治家。

表现恺撒被刺死的绘画

然而就结局而言，恺撒又是一个悲剧人物，而其根源之一就在于他的自负。事业上的巨大成功，使踌躇满志的恺撒认为，几百年的罗马共和政体已经名存实亡了，他甚至对亲信说："共和国，这是一句空话，现在已经没有内容了！"恺撒的军事独裁，引起了一部分以共和派自居的罗马元老贵族的严重不满，而有些原来支持他的人也因他的自负而感到失望。于是，有一部分人，包括守旧集团、对改革失望者和宿敌残余逐渐结合起来，为了共同的目的，组织起一个阴谋集团，以保卫"共和"之名密谋采取恐怖袭击。据说当时恺撒已察觉一些危险的迹象并听到暗杀传言，但他却不顾那些善意的警告，未作防范，甚至曾在回答死亡的问题时戏称："突如其来的死是最好的死法。"

　　公元前44年3月15日，阴谋集团的成员身藏匕首，邀请恺撒来元老院议事，只待恺撒一到，突然行刺。虽然有人已事先警告他这天有人要暗杀他，恺撒却没带卫队，只身一人来到元老院开会。在他从容地坐上黄金宝座后，一个刺客假装恳求他办事，抓住他的紫袍，其实是行动的暗号，随后所有阴谋者一拥而上，刀剑像雨点般落在他的身上。起初，恺撒还极力反抗，但当他看到最为信任的布鲁图也举刀向他刺来时，便放弃了抵抗，最终身中23刀，死在元老院大厅庞培的雕像旁边，时年56岁。恺撒死后，罗马元老院按照法令将其列入众神行列，尊称为"神圣的尤利乌斯"，并决定封闭他被刺杀的那个大厅，同时决定将3月15日定为"弑父日"，元老院永远不得在这天集会。

　　2000年来，在西欧，3月15日这一天一直被视为不祥的日子。不过，恺撒虽然死了，但罗马国家体制变化的历史走向却已不可逆转。不久，他的继承人屋大维建成了真正的帝国，使罗马进入了空前的繁荣。历史也似乎证明，以帝制替代共和制，的确是无法阻挡的趋势，而恺撒只是顺应了这一历史潮流而已。

恺撒与布鲁图

　　据记载，恺撒在临死前所说的最后一句话是："还有你，我的孩子？"这句话是针对刺杀者之一布鲁图而说的。长期以来，关于恺撒与布鲁图之间的神秘关系，有着太多的说法，至今没有绝对准确的结论。

　　布鲁图（公元前85～前42年），也是古罗马一位杰出的政治家。他是罗马显贵家族的后裔，而他的母亲塞尔维利娅年轻时曾是恺撒的情妇。一些历史学家认为，尽管恺撒有许多情妇，但他最爱的却是布鲁图的母亲塞尔维利娅。早在公元前59年，在恺撒出任第一任执政官期间，曾买了价值600万塞斯退尔的珍珠送给塞尔维利娅，

布鲁图半身塑像

可见他们当时的感情绝非一般。事实上，恺撒年轻时确与塞尔维娅疯狂相爱，而布鲁图就恰好出生于那个时候。因此，恺撒私下里一直认为布鲁图是自己的儿子，许多罗马人也相信这样的传言。

可惜的是，布鲁图本人却一直憎恨这种说法。公元前77年，布鲁图的父亲被庞培暗杀，布鲁图被叔父收养。成年后，他靠发放高利贷迅速地成了显贵，并进入了元老院，开始在政治上崭露头角。不过，在政治上，他属于保守共和派，从而与恺撒站在对立面。因此，在公元前49年爆发的庞培与恺撒的罗马内战中，尽管与庞培有着杀父的不共戴天之仇，布鲁图却加入了前者的阵营。不久，在希腊战场上，庞培大败。可能的确是出于慈父之情，恺撒对反对他的布鲁图非常仁慈。他命令部下，在战争中不得伤害布鲁图。最终，布鲁图写信向恺撒请求原谅，而恺撒也慷慨地既往不咎，将他召入了自己的阵营。据说，恺撒当时把一柄长剑和一把犀利的匕首交到布鲁图手中说："孩子，这些是作为军人不可缺少的，留在身边用吧。"但是，他做梦也不会想到这武器有一天却用在了他的身上。

归顺恺撒后，布鲁图的仕途可谓一帆风顺。由于他机智过人，富有管理国家的才干，所以得到了恺撒的宠爱和信任。恺撒在征服高卢，建立独裁统治制度之后，把总督大权交给了布鲁图，还使其担任城市法官等显要职务。正像古罗马著名历史学家普鲁塔克所说："恺撒不但深爱塞尔维娅而且也爱布鲁图，虽然他不过是私生子。"恺撒一直把布鲁图当做最亲密的朋友，甚至在遗嘱中将他作为第二顺序继承人。

然而，政治立场上的冲突最终导致布鲁图再次站到了恺撒的对立面。面对恺撒在罗马的独裁统治，一直以共和传统维护者自居的布鲁图开始发生了动摇。的确，恺撒的一系列政治举措给罗马共和制造成了巨大的威胁。他对元老院熟视无睹，任意处置贵族高官，这些都招来了保守派的憎恨。公元前44年3月，恺撒开始全力准备对小亚细亚地区的帕提亚人的战争。当时许多罗马人都深信一种预言：只有国王才能打败帕提亚人。于是社会上流言四起，认为恺撒将真的要在罗马称王。

还有一段有趣的插曲，在某种程度上加深了共和保守派对恺撒的憎恨，也进一步将他推向了死亡的边缘，这就是恺撒与埃及艳后克丽奥帕特拉的关系。

据记载，当初恺撒与庞培发生内战时，曾追杀后者到托勒密王朝统治下的埃及。当时，该王朝内部正陷入争夺王权的混乱之中。争斗的双方都希望获得恺撒的支持，以巩固自己的权力。有一天傍晚，恺撒驻地的卫兵通报，说埃及国王要将一件珍贵的礼品送给他。随后一名埃及仆人扛着一条毛毯进来，结果里边躺着一位绝代佳人，她，就是后世闻名的埃及艳后克丽奥帕特拉。很快，两人陷入了热恋当中。恺撒在埃及逗留了相当一段时间，并在这里迎来了儿子恺撒里昂的诞生。在平定了小亚细亚的庞培余部之后，恺撒带领着克丽奥帕特拉和他们的儿子回到了罗马。据说，当恺撒班师凯旋，全罗马都沉浸在狂欢之中。游行队伍抬着2800多个金冠进入城市，威风凛凛的恺撒高坐在战车上接受人民的欢呼致敬；在恺撒身后是规模庞大的步兵、骑兵和壮观的战斗表演；晚上还表演了非洲人与400头雄狮的搏斗，以及亚洲和希腊的舞蹈。

但是，在欢迎他们的同时，本来就对恺撒的威望惴惴不安的元老们，对于一同前来的克丽奥帕特拉及其儿子，表现出了高度警觉。他们怀疑恺撒会照搬埃及的东方传统，自立为罗马国王，并让他那并非罗马公民、在罗马没有继承权的埃及儿子接管王位。　并且，他们担心热恋中的恺撒很可能把克丽奥帕特拉看得比罗马的统治还重要。

恺撒的妻子请求丈夫留在家里 公元前44年3月15日清晨，恺撒的妻子告诉他说她做了个可怕的梦，她哭着劝告恺撒不要到元老院去。恺撒当时吃了一惊，但最终没有改变主意。

于是，一些与恺撒水火不容的人开始秘密联合起来，并成功地将布鲁图拉拢过来。面对有称王企图的恺撒，布鲁图表示了坚决的立场："为国家自由而死，是我们刻不容缓的职责！"事实证明，布鲁图对恺撒可谓是恨之入骨。在他心中，恺撒就是暴君的代表，而除暴安良是他的"天命"，刺杀恺撒天经地义。而且，布鲁图从来不把自己看作是恺撒的儿子。另一方面，当时整个罗马城有许多人动员布鲁图行动起来，别再犹豫。他们还不断提及他的先祖，以此来鼓动他，因为他是第一任执政官布鲁图的后裔，而母系则起源于另一个高贵的塞尔维留斯家族。

虽然后来意大利的著名政治理论家马基雅维利曾说过一句经典的话："如果布鲁图装成一个傻瓜，

恺撒生平大事年表

时 间	事 件
公元前 100 年	7 月 13 日出生于罗马。
公元前 84 年	与科涅莉亚·秦纳结婚。
公元前 82 年	因拒绝苏拉要求自己与科涅莉亚的离婚而遭到迫害，但成功逃脱。
公元前 81～前 79 年	在亚洲和奇里乞亚服役。
公元前 78 年	苏拉死后，回到罗马。
公元前 69 年	第一任妻子科涅莉亚去世；成为外西班牙行省的财务官。
公元前 65 年	当选市政官。
公元前 63 年	与庞培亚·苏拉结婚，同年 12 月离婚；当选祭司与大法官。
公元前 61 年	任西班牙地方长官。
公元前 59 年	第一次当选执政官，开始"前三头"同盟；与卡尔普尼亚·皮索尼斯结婚。
公元前 58～前 53 年	高卢总督第一任期。
公元前 54 年	女儿朱丽娅（庞培之妻）去世。
公元前 53 年	克拉苏阵亡，"前三头"同盟结束。
公元前 53～前 48 年	高卢总督第二任期。
公元前 52 年	在阿雷西亚战役中击败高卢联军，并撰写《高卢战记》。
公元前 49 年	率领自己在高卢的军团，渡过卢比康河进入意大利，内战爆发。
公元前 48 年	在法萨卢斯战役中击败庞培，并被任命为独裁官。
公元前 47 年	追击庞培至埃及，并与克丽奥帕特拉七世见面。
公元前 46 年	在北非击败庞培的残余势力，第三次当选，第二次被任命为独裁官，当选终身大祭司，收养屋大维为继承人。
公元前 45 年	在西班牙击败最后的反对者，并返回罗马；第四次当选执政官；被元老院授予"祖国之父"称号；第三次被任命为独裁官。
公元前 44 年	第五次当选执政官，被任命为终身独裁官；拒绝马克·安东尼献上的王冠和称帝的请求；3 月 15 日，在元老院被布鲁图等暗杀。

他就会成为恺撒。"不错，只要布鲁图能够与恺撒站在一起，他迟早会得到一切的。然而，布鲁图却选择了与反对派一起策划推翻恺撒的阴谋。

公元前44年3月15日这一天，当谋杀者们将刀剑刺向恺撒时，恺撒起先还奋力抵抗，并一面喊叫一面挣扎。可是，当他看到布鲁图手里的匕首时，几乎不敢相信自己的眼睛，然后绝望地喊道"还有你，我的孩子？"于是用外袍蒙上了头，心甘情愿地死于乱刃之下。因此，很多后世的历史学家认为，即使恺撒在临死之时，仍认为布鲁图就是自己的孩子，而他也绝对想不到布鲁图会参与谋杀自己。

恺撒死后，其部下宣读了他生前立下的遗嘱。在这遗嘱中，恺撒指定自己姐姐的孙子屋大维为自己的继承人，给其3/4的财产，并指定屋大维为自己的家庭成员，同时将自己的名字传给他；为自己可能出世的孩子指定了监护人，具有讽刺意味的是，其中几个竟是参与阴谋的凶手；此外，他还把台伯河的花园留给人民公用，并赠予每个公民300塞斯退尔。值得一提的是，当中还指定了布鲁图为第二顺序继承人。

2000年来，对于布鲁图的这一行为，众说纷纭。有的人认为，他是大义灭亲、勇于反抗暴政的英雄，在戏剧大师莎士比亚的名作《尤利乌斯·恺撒》中，就称他是"一个最高贵的罗马人"。然而，有些人却将他列入了叛徒和背信弃义者的名单，文艺复兴时代的诗人但丁，在《神曲》中就将他视为一个邪恶的出卖者，在地狱里受到无情鞭笞。但布鲁图始终认为自己的行为是天经地义的伟大之举，正像他曾说过的"我爱恺撒，但更爱罗马"。恺撒死时年已56岁，而这时的布鲁图才40岁，只要稍有耐心，深受恺撒器重的布鲁图很有可能获得罗马的最高权力，他这么做确实非同寻常。但是，不同的立场决定了对他的评说将不会停止争议。

杀死恺撒之后，布鲁图等人立即宣布，这是"自由面对暴政的一次胜利"，但是大多数罗马人并不接受布鲁图等人的说法。事实是，恺撒的突然遇刺，使拥有百万人口的罗马城很快陷入了骚乱，帝国处于动荡分裂的危险边缘。恺撒最好的朋友、军事副统领安东尼果断地采取行动，很快平息了骚乱。在恺撒的葬礼上，安东尼将象征权力威望的斗篷，高高举过朋友的脸庞，发誓要为他报仇雪恨。布鲁图等人逃亡希腊，在那里筹集资金、征募士兵、组建军队，但他们根本就不是恺撒派的对手。最后，布鲁图战败自杀，还有一种说法称他是见到恺撒的鬼魂后惭愧而自尽的。其他人也难逃惩罚，阴谋刺杀恺撒的人中，几乎没有谁在他死后活过3年的。所有人都被判有罪，并以不同方式死于非命，其中有些就是用刺杀恺撒的同一把匕首自杀的。

推荐阅读 ① （古罗马）恺撒著，席代岳译：《恺撒战记》，广西师范大学出版社，2003版。

② 毛海旭编著：《恺撒》，哈尔滨出版社，2001版。

③ 陈玉梅编著：《恺撒的故事》，汕头大学出版社，1998版。

风华绝代的伊丽莎白一世

5

传奇女王：

终身未嫁的伊丽莎白一世

众所周知，当今英国的国王伊丽莎白二世女王在全世界都享有崇高的威望。其实，在英国历史上，曾先后出现过不少女王。除了我们目前所熟知的伊丽莎白二世之外，还有两位也在世界历史上扮演过重要角色：16 世纪时的伊丽莎白一世和 19 世纪时的维多利亚女王。尤其是伊丽莎白一世，她在执政时期，鼓励海外贸易，推行殖民活动，使英国国力大增，并于 1588 年打败海上强国西班牙的无敌舰队，为日后英国成为"日不落帝国"奠定了坚实的基础，是英国在近代成为欧洲强国的当之无愧的奠基人。同时，这位集美貌、智慧、权力、财富于一身的女王，却给后世留下了一大悬案——终生未嫁，这也成为几百年来人们一直谈论的话题。

不平凡的王者之路

伊丽莎白一世，1533～1603年，英国都铎王朝的最后一任也是在位时间最长的一位君主（1558～1603）。1533年，伊丽莎白一世出生在英国的格林尼治，她的父亲就是著名的亨利八世，此人因实行宗教改革而成为英国乃至欧洲历史上相当有影响力的一位国王。她的母亲安娜·波琳是亨利的第二个妻子，由于亨利八世和安娜·波琳的婚姻一直得不到英国国会的承认，所以伊丽莎白也一直被认为是私生子。在伊丽莎白2岁的时候，安娜王后再次怀孕。不幸的是，亨利八世此时已经开始厌倦这位妻子，并另觅新欢。于是心惊胆战的安娜只好希望自己能够生出一位皇子以避免重蹈前王后凯瑟琳的覆辙。由于终日在惊惶中生活，安娜流产了——是个已经成形的男胎。亨利八世勃然大怒，让武士们从格林尼治宫里把正在养身体的安娜王后拖了出来，关进了阴森可怖的伦敦塔；后又借题发挥，把曾经入宫安慰表妹的王后表兄乔治也捉了起来，随即以通奸罪为名将二人送上了断头台，此时的伊丽莎白年仅3岁。半个月之后，亨利八世又迎娶了他的新王后。

16岁时的伊丽莎白漂亮迷人　作为王室中的女孩，她可能并未曾想过日后会成为英国的一代女王，也可能未曾想过会终生未嫁。

尽管如此，伊丽莎白还是在皇室中生活，并受到了良好的教育。幼小的伊丽莎白显得异乎寻常的早熟和敏感。据说，在为人处事方面，她8岁时的表现就已经超过了40岁的女人。她知道怎么保护自己，怎样讨人喜欢，为了讨好父亲和继母，她从来不在任何人面前提到自己惨死的母亲；她甚至还学会了精良的手工，为弟弟做衣服、为父亲和继母制作小礼物。与此同时，伊丽莎白如饥似渴地学习各种知识，如同一块海绵，把她能够接受的全部吸收进去。她能说希腊语、法语、意大利语，而且都像她的母语英语一样流利。另外，她对神学和音乐、文学也掌握得十分熟练，还能翻译难度极大的法文诗，以至于有些研究者认为她就是莎士比亚戏剧的真正作者。在她那个时代，如此学识渊博的年轻贵族小姐，简直就是凤毛麟角。

1547年，当伊丽莎白13岁的时候，亨利八世死了。继位的是伊丽莎白同父异母的弟弟爱德华六世，但他执政没几年也死了。随后，伊丽莎白同父异母的姐姐玛

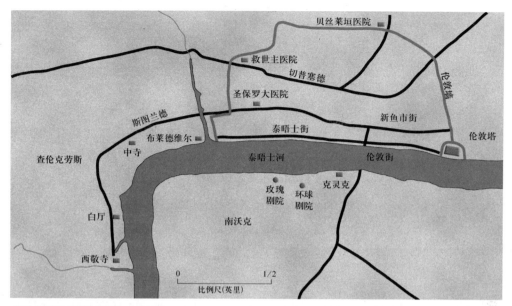

伊丽莎白时代的伦敦

丽即位。在这位玛丽女王统治期间，英国恢复了罗马天主教，她还下令迫害国教徒，据说大约有 300 人被处以死刑，这使她赢得了"血腥玛丽"的不光彩的绰号。更不幸的是，由于伊丽莎白的母亲安娜·波琳当年为了维护自己女儿的利益，曾让正迷恋着她的亨利八世强迫已近成年的玛丽去做婴儿伊丽莎白的侍女，并促使议会通过了一件《继承法案》，将王位继承权全部归属给了自己的孩子。因此，当时的玛丽曾受了不少委屈。当登上王位后，报复心极强的玛丽立即找借口逮捕了伊丽莎白，并将其关押在伦敦塔内。伊丽莎白后来虽然被释放了出来，但在一段时期内仍处于危险之中。1558 年玛丽死去，25 岁的伊丽莎白终于继承了王位，是为伊丽莎白一世。

一代女王的传奇

当时，年轻的伊丽莎白即位之初就面临着许多问题：与法国的战争，与苏格兰和西班牙的紧张关系，尤其突出的是英国国内的宗教派别之间的尖锐矛盾。不过在解决这一系列问题的过程中，伊丽莎白很快就显示出了非凡的才能。

伊丽莎白执政不久就通过了"至高权力与同一性法案"（1559 年），确立英国圣公教为正式的英国宗教，同时允许天主教的存在，并在其整个统治期间使这一折中法案得到了坚决的贯彻执行。就这样，她领导英国在没有严重流血的情况下通过了宗教改革的第二阶段。不可否认，伊丽莎白的正确决策在一定程度上解除了英国天主教和新教徒之间的深仇大恨，她成功地保持了民族的统一。

伊丽莎白同时开展灵活多变的对外政策。1560 年她缔结了《爱丁堡条约》，提出了一个与苏格兰和平解决争端的办法。英国与法国的战争结束了，而且两国的关系也得到了改善。伊丽莎白企图避免战争，但是由于 16 世纪西班牙有好战的天主教势力，西班牙和英国之间的战争无法避免。伊丽莎白是个智慧超群的女子，她显然讨厌战争和流血，但是需要时她毫不犹豫。由于当时的英国国力远不如西班牙，于是伊丽莎白长年不断地发展英国海军，终于在 1588 年双方进行的一场大规模海战击败了西班牙的"无敌舰队"。这场胜利使英国一跃成为世界头号海军大国，直到 20 世纪它还保持着这种海上霸王的地位。

这位女王的功绩还有：1563 年出台了"穷人法"，该法的颁布使得当地政府可以从市民身上收取经费去帮助最穷苦的农民，这对后来欧洲社会的福利制度产生了

| 画中描绘了 1588 年侵入英国的西班牙"无敌舰队"在英国舰队的炮火轰击下慌张撤退的情景。

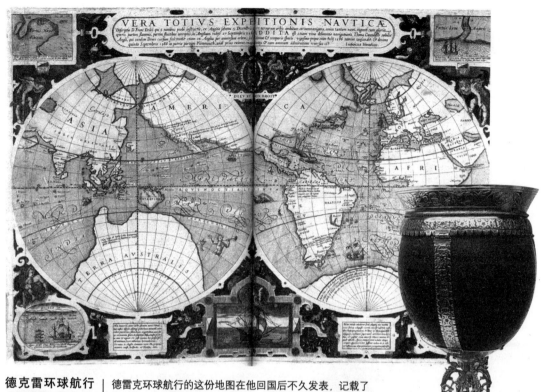

德克雷环球航行地图及纪念杯

德雷克环球航行的这份地图在他回国后不久发表，记载了他驾驶"金色雌马鹿"号的航线。从英格兰到非洲，跨过大海，通过麦哲伦海峡，沿美洲西海岸上行，渡过太平洋，抵达香料群岛，返回国内。他带来缴获的西班牙财宝和异国他乡的物品，令伊丽莎白龙颜大悦。

深远影响。伊丽莎白时代的英格兰以其非凡的作家和作曲家闻名，最著名的英国作家威廉·莎士比亚就产生在这个时代。这当然包含着她的一份功劳：因为她曾不顾伦敦地方当局的反对，支持莎士比亚剧院。伊丽莎白时代也是英国探险的时代，有开往俄国的探险，有马丁·弗罗比歇和约翰·戴维斯发现通往远东的西北之路的创举，有弗朗西斯·德克雷爵士路过加州的环球航行，有沃尔特·罗利爵士和其他人在北美无意中发现了英国移民的奇遇。

虽然在伊丽莎白的统治时代，英国还不是一个世界强国，但是她给英国留下了世界上最强大的海军，为随后发展起来的大不列颠帝国奠定了坚实的基础。

她为什么终身未嫁

俗话说，"男大当婚，女大当嫁"，可是，拥有至尊地位的伊丽莎白却始终独身，一再错过结婚的时机，这到底是为什么呢？

据历史记载，伊丽莎白登基时年方25岁。她身材修长，略显瘦削，当时的宫廷服饰特别适合她的身型，在鲸骨紧身衣的作用下，她的腰围仅有13英寸；而轮状皱领恰到好处地遮掩住她稍长的颈项，散开的大篷裙则更进一步地衬托出她的高贵。女王漂亮的鹅蛋脸上嵌着一双水汪汪的大眼睛，虽然略有一些近视，但却并不妨碍她的美丽，反而使得她的眼神具有一种特别的诱惑。她有一头浓密而光润的金红色长发，皮肤雪白得几乎透明，还有一双纤长如艺术家的玉手。女王不仅喜欢打扮，而且也很会打扮自己，天生的丽质配上闪亮的珠宝，时髦的衣饰，优雅的谈吐，绝对是当之无愧的美女，再加上头顶上的王冠，吸引着欧洲大陆不少王公贵胄争相拜倒在她的石榴裙下，用尽心机，渴望成为她的王夫。由于关系到以后英国王位的继承和国家的稳定，伊丽莎白女王的婚事曾被作为国家大事提上英国的政治日程。在议会里，大臣们纷纷强烈要求女王早日结婚。可是，一年又一年过去了，伊丽莎白却仍旧保持独身。

关于美貌的伊丽莎白女王为什么终身不结婚，后人有过种种猜测。有的人认为，最大的可能就是因为其父亨利八世曾两次杀妻、六娶王后，使伊丽莎白从小就蒙上了一层心理阴影，不信任男人和家庭，患上了婚姻恐惧症。还有人认为，从古至今各国王室成员的婚姻，无不烙上深深的政治烙印，只是国家政治、国际关系的附属物，包含了太多的阴谋与利益关系，所以聪明的女王宁愿选择独身也不愿终生生活在龌龊的交易中。更有一些女王的政敌宣称，伊丽莎白根本就没有正常的生理功能，是一

伊丽莎白的父亲亨利八世 | 亨利八世两次杀妻、六娶王后，使伊丽莎白不信任男人，患上了婚姻恐惧症。

亨利八世的6位妻子，从左至右，第一排为凯瑟琳、安娜·波琳、简·西摩，第二排为安妮、凯瑟琳·霍华德、凯瑟琳·帕尔。

个阴阳人，因为宫中曾传出女王的月经少得可怜之类的流言，而另一些持相反意见的人则说女王有过私生子。从这些观点看来，有些虽说是猜测，但似乎不无道理。

　　首先，父亲亨利八世对伊丽莎白的影响可以说是相当深刻的。亨利八世的第一任妻子是其亡兄的遗孀、西班牙亚拉冈公主凯瑟琳，这次婚姻的目的是为了继续与西班牙的联盟以共同对付法国。后来亨利八世为了与王后的女侍安娜·波琳也就是伊丽莎白的生母成婚，不惜与教廷决裂，自立英国教会。然而安娜·波琳很快就被亨利八世厌弃并被冠以通奸不贞的罪名而遭到处决。再后来亨利八世又娶了四位王后，她们或因生育而死，或被亨利遗弃，或与安娜·波琳同样结局。只有最后一位凯瑟琳·帕尔活得比亨利久，她后来嫁给海军大臣托马斯·西摩，于1584年9月死于难产。父亲的寡情让伊丽莎白领略到了男人的薄幸，性和死亡的阴影也如梦魇一般紧紧地盘踞着伊丽莎白的内心世界。

　　在弟弟爱德华六世当政时，摄政大臣西摩让自己的亲弟弟托马斯当上了海军大

罗伯特·达德利像 首任莱斯特伯爵，自1560年以后一直是女王伴侣强有力的候选人。女王拒绝了他，但依然对他宠爱有加，直到达德利于1588年去世。

臣，又让他娶了亨利八世的遗孀凯瑟琳·帕尔，没想到帕尔却因难产而死。王太后妻子就这么死了，让满怀野心的托马斯无比懊丧，因为他做梦都想有朝一日能登上英国国王的宝座。于是，英俊的托马斯盯上了伊丽莎白公主，妄图以男色引诱她。而他的哥哥摄政大臣却不能容忍弟弟明目张胆窥视王权的做法，将他毫不留情地丢进了伦敦塔，并以此为名声讨伊丽莎白。年轻的公主义正词严地驳斥了这种无稽的指控，对别人诬陷她与托马斯养下私生女的说法予以反击，摄政大臣无奈之下只好砍了弟弟一个人的脑袋。但是尽管如此，朝臣们仍然通过小爱德华国王对伊丽莎白"不清白的名誉"加以惩处：一年半都不准姐姐踏入宫廷，还把她身边的忠实仆从予以监禁。这是年轻的伊丽莎白第一次的情感经历——追求她的男人动机如此卑劣，又为她带来了如此不堪的后果。这恐怕进一步加深了她对婚姻的恐惧感。

但是女王的婚姻无疑是英国上下关注的最大焦点，大臣们轮番向女王进言，请求她尽快选择一位合适的丈夫，尽早为王国诞育接班人。实际上，早在女王一登基，欧洲各国的求婚大使便踏上了英国的土地。最早的一群使节中当数法国和西班牙的客人最为醒目，然而女王对这两国都没有丝毫的好感。因为在玛丽女王时期，法国夺去了英国在欧洲大陆上的最后一块领地，并迫使伊丽莎白最后在放弃的条约上签了字；而西班牙国王腓力二世对英国干过的那些事，就更不用说了：掀起宗教迫害狂潮，使用酷刑，还在最后关头抛弃了身为前英国女王的妻子。又因为西法两国本就是敌对国，答应谁也不合适。不过，初登王位的伊丽莎白由于私生女的身份，英格兰女王的合法地位一直得不到承认，而西班牙在当时的国际社会中有着举足轻重的地位。于是聪明的女王不动声色地利用起腓力二世，对他的求婚态度暧昧，既不回绝又不应允，使腓力二世对联姻一直抱有希望，求婚之事因此拖了好几个月，以致当时西班牙驻英大使惊呼道："这个女人真是为十万妖魔所纠缠着。"直到伊丽莎白的地位得到国际社会的承认后，她才以宗教信仰不同为由明确拒绝了腓力二世。后来，伊丽莎白又经常以自己的婚姻为筹码，周旋于欧洲各大国之间，为英国谋求利益。

尽管如此，这位"童贞女王"并不缺乏罗曼史。据说，早在被姐姐玛丽一世因禁在伦敦塔里的时候，伊丽莎白就认识了罗伯特·达德利，从此就一直对他情有独钟。伊丽莎白把绝境中降临的爱情看得十分重要，终其一生都矢志不渝地将达德利称为"我的眼睛"。1558年伊丽莎白一世即位以后，立即封达德利为御用马夫，后来达德利还得到了莱斯特伯爵的封号。本来达德利可以说是英国国内最适合成为女王丈夫的人选，然而摆在眼前的事实却是残酷的：罗伯特·达德利已有妻室。伊丽莎白只好接受了这个事实，自己虽然贵为女王，却不可能遂心所愿地嫁给自己想嫁的人，这也许是上天为了让她更好地服务国家所做的安排。从痛苦的爱情里渐渐解脱出来的伊丽莎白，仍然一如既往地和罗伯特出双入对。就在此时，突然传来了罗伯特·达德利之妻艾米死在乡间居所的消息。

从现场来看，这位可怜的妻子是不慎从楼梯上摔下来，扭断了脖子而死的。但是谣言立即像风一样传播开来，认为达德利一定是幕后主谋，他担忧女王日渐移情别恋，为了尽快升做王夫而扫除了这块绊脚石。甚至有人认为，女王才是幕后黑手，她为了和心爱的达德利双宿双飞，派人谋杀了这位可怜的妻子。这样的谣言，令女王大为恼火。她珍视自己历尽艰辛才得来的王座，怎么会为了一个男人、一个愚蠢的村妇损害自己在臣民间的好名声、动摇统治权呢？关于这件事的调查，持续了一年半之久，最后的结论是：达德利夫人确实死于意外。但是女王已经不太可能下嫁达德利了，无论什么时候，只要她嫁给他，人们马上就会联想到这起事故，那些可怕的谣言势必会影响伊丽莎白的威信，甚至让她失去王位。

在29岁时，伊丽莎白女王不幸患上了天花，病重的她非常清楚地意识到自己如果死去，国家和王位将面临怎样的将来。她似乎有些追悔莫及，没有早

英国王室世系表

诺曼底王朝（1066～1154年）
威廉一世、威廉二世、亨利一世、斯蒂芬。

金雀花王朝（安茹王朝）（1154～1399年）
亨利二世、理查一世（狮心王）、"失地王"约翰、亨利三世、爱德华一世、爱德华二世、爱德华三世、理查二世。

兰开斯特王朝（1399～1461年）
亨利四世、亨利五世、亨利六世。

约克王朝（1461～1485年）
爱德华四世、爱德华五世、理查三世。

都铎王朝（1485～1603年）
亨利七世、亨利八世、爱德华六世、简·格雷、玛丽一世、伊丽莎白一世。

斯图亚特王朝（1603～1714年，1649～1653年共和政体）
詹姆斯一世、查理一世、查理二世、詹姆斯二世、玛丽二世、威廉三世、安妮。

汉诺威王朝（1714～1901年）
乔治一世、乔治二世、乔治三世、乔治四世、威廉四世、维多利亚。

萨克森—科堡—哥达王朝（1901～1910年）
爱德华七世

温莎王朝（1910年至今）
乔治五世、爱德华八世、乔治六世、伊丽莎白二世。

日结婚，没有给王国留下合法的继承人。她甚至留下遗嘱，封罗伯特·达德利为英国的大护法。没想到，女王的病情却奇迹般地逐渐好转起来。所有的人都认为，经过了这次生死考验，女王一定会毫不犹豫地下嫁达德利了。然而事实并非如此，病中的女王看清了很多人的真实面目，她的当务之急是要清除这些企图取自己而代之的王位威胁者。她的外甥女、苏格兰的玛丽女王可以说是其中最强劲的一个。玛丽本是法国王后，因国王丈夫早死，自己又和婆婆不和而返回苏格兰。她的"未婚"身份必然使得企图攀上她这根高枝的各国政要、本国政敌想要利用她来推翻伊丽莎白的统治。因此，伊丽莎白决定，要先促成玛丽的婚姻，让她的"未婚"身份消失，大掉其价。不久，玛丽就嫁给了表哥汤利——这位汤利也拥有英国王位继承权，伊丽莎白就这样不露声色地把窥视王位的汤利远远地赶到了苏格兰去。伊丽莎白没有想到的是，欧洲各国君主见风使舵的本领如此之强，前一刻还在向玛丽许诺政治利益的使节，一旦知道玛丽已婚，下一刻就转而奔向英格兰，将利益转送给未婚的伊丽莎白。因此伊丽莎白决定，要好好地保护自己的未婚身份。不久以后，从苏格兰

罗伯特·达德利与伊丽莎白女王相拥而舞

传来的消息也进一步地坚定了她不嫁的念头。

玛丽女王和汤利结婚一段日子之后，就有了身孕。刚刚得知这个消息时，伊丽莎白很是不安，唯恐玛丽生下儿子而威胁到自己的地位。好在汤利完全是一只绣花枕头，真正能够协助玛丽料理国政事务的，是她的秘书瑞其欧。就在玛丽即将分娩的时候，她那愚蠢自大的丈夫汤利，在近臣的怂恿之下，竟当着玛丽的面，在荷里路德宫中率众杀害了瑞其欧。玛丽十分伤心痛苦，她万万

没有想到，自己主动将苏格兰国王的宝座和权柄让给汤利，放弃女王的尊贵身份做王后，最后居然成了汤利富贵的跳板，由堂堂女王沦为这个轻浮男人的囚徒。玛丽的血泪史为伊丽莎白敲响了一记警钟，无论是达德利还是别的情人，他们真的仅仅是在爱着自己吗？如果自己也像玛丽那样，由女王变成王后，那么得偿所愿的男人难道就不会像汤利那样翻脸无情吗？汤利不过是个纨绔子弟，就已经如此大胆嚣张，更何况自己这些老练而富于心机的情人？伊丽莎白的王位是她历尽艰险，几次与死神较量后才得来的，她是绝不甘心将王座拱手相让的。更何况，嫁人是为了什么呢？让自己由女王变成王后？6位母亲和一个姐姐的教训难道还不够吗？

从父亲亨利八世那里，伊丽莎白深刻地了解到，男人总是认为自己的性别占有优势，认定女人是弱者。伊丽莎白于是决定将自己的性别变成优势，要弄那些自认为可以在两性关系上占上风的男性君王。她是个女人，而且是个未婚的女人。她非常清楚自己的身份，也决定将这身份好好加以利用。于是，一旦有哪个国家与英国关系紧张，或是英国需要哪个国家的支持的时候，女王便会暗示自己的重臣们出面，向对方国家的使节提出建议——为什么不向我们的女王求婚呢？一旦成功，就可以不费一兵一卒地得到整个英国。欧洲大陆上所有的王公贵族都无法抵挡这个具有巨大诱惑力的建议，一般都是几乎立刻改变主意，不仅不跟英国过意不去，还想方设

该画作于 1600 年。画中伊丽莎白坐在撑着华盖的轿椅上，穿过伦敦街道，伴随和服侍左右的是穿着华丽盛装的朝臣和宫女。当时，伊丽莎白韶华已逝，然而在画家笔下，她依然显得风华绝代。

法地百般讨好伊丽莎白和她的国家。面对这些求婚，女王将拖拉的"爱情游戏"玩得无比纯熟，很轻巧地就把他们拖进了迷宫。当英国的困境得到摆脱，求婚者就会发现费尽心机和钱财之后，自己收获的只是一场空欢喜。明明知道自己上了当，他们却不能够再挑起战端，因为求婚不成恼羞成怒的行径在欧洲是会遭到讥笑的。另一方面，伊丽莎白却为她的英国赢得了宝贵的时间，将英国的实力再一次提升。令人惊叹的是，在伊丽莎白登基为英国女王之后，这样的"求婚游戏"，竟成功地进行过 20 多场。

　　1573 年，伊丽莎白已经 40 岁了，如果再不结婚，那她将永远不能结婚，因为她即将失去生育能力，婚姻也就失去了意义，于是大臣们再次向她提出结婚的请求。然而结果却是，伊丽莎白用嘲讽的口气对大臣们说："那你们认为我该嫁给谁？"大臣们一时哑口无言。伊丽莎白威严地扫视着御座下或站或跪的大臣们，将手中的戒指戴在了一直空着的无名指上，将一句令人震惊的话甩给了目瞪口呆的大臣们："我只可能有一个丈夫，那就是英格兰。"就这样，伊丽莎白一世成为英格兰历史上最夺目的一朵玫瑰，对于英国人来说，她就是都铎玫瑰的化身。

　　1578 年，仍待字闺中的伊丽莎白差点就结婚了。当时，法国国王亨利二世的四弟、年仅 23 岁的安佐公爵到英国做客，年龄相差近一倍的两人一见钟情，手拉手地在御花园里嬉笑调情，甚至当众拥抱。安佐公爵弗兰西斯一心迷恋已是半老徐娘的女王，年龄的差距丝毫不影响弗兰西斯追求爱情的决心，他曾滚烫肉麻地向女王表示，自己将是欧洲最执着的求爱者，并且分别于1579年和1581年两度向女王求婚。对于女王来说，这个穷追不舍的小子虽然其貌不扬——天生一双罗圈腿、满脸大麻子，但以自己的"高龄"要想找到更合适的郎君谈何容易，没准他还真是自己结婚生育后嗣的最后指望。渐渐地女王有点喜欢上了他，并亲切地叫他"我的小青蛙"。眼瞅着这件好事有了眉目，按捺不住的安佐公爵终于沉不住气了，居然大言不惭地向来访的西班牙大使表示女王和自己不日将举行婚礼。此事顿时在王宫里传得沸沸扬扬，女王因此苦不堪言，龙颜大怒。

前不久，人们从哈德菲尔宫堆积如山的历史档案中发现了一封写于1581年的情书，这封长达4页的情书就是安佐公爵就此事向女王表示歉意的。在信纸的顶端标上了罗马字母"E"，并配以公爵家族徽章和一个利箭穿心的符号，让人第一眼便能够看懂信中强烈的示爱信号。由于这封情书是用法文写成的，而且"关键处"还使用了大量密码，所以时至今日它里面的内容还未被人们全部读懂。这封情书上端空白处有几行潦草的字迹，据专家分析这是女王当时为破译信件内容而打的草稿。历史学家、英国国家海洋博物馆客座研究员戴维·斯塔基博士说："伊丽莎白一世，她的行为就像一个女中学生。面对那些如同天书一般的密码，身为女王的伊丽莎白居然亲自动手破译，简直让人不可思议。"据说伊丽莎白曾经答应了安佐公爵的求婚，但后来不知道是什么原因，也许是考虑到英、法、西班牙之间复杂的国际关系，在将要举行婚礼的前几天，女王突然变了卦。她郑重宣布解除婚约，并表示会一辈子独身。同时她向国民发表了一番这样的谈话："我无须再选佳婿结婚，因为我在举行加冕典礼时，已将结婚戒指戴与我国臣民的手指上，意即我与全体臣民为伴，将我的生命与贞节献于英国。"从此，大受感动的英国人民也常用"贞洁女王"的美名来称呼伊丽莎白女王。

另据英国有关媒体报道，最新发现的一份材料表明， 16世纪的俄国沙皇伊万四世（又被世人称作"恐怖的伊万"），在自己的第一任妻子去世后10年，也曾经秘密地向当时的英国女王伊丽莎白一世写信求婚。然而由于求婚失败，于是他向伊丽莎白一世亲笔写了一封内容粗鲁、充满恶毒语言的攻击信，信中竟将一生未婚的英国女王称作是"老处女"。

最终，在位45年的伊丽莎白女王，选择了一条令全世界都为之困惑的人生道路。至于其中的真正缘由，恐怕也是非常复杂的，而以上一些解释，也只能是一种猜测罢了。

推荐阅读　① 顾蓓、曾龙编著：《英国童贞女王：伊丽莎白一世传》，吉林人民出版社，1998版。
② （英）J.E.尼尔著，聂文杞译：《女王伊丽莎白一世传》，商务印书馆，1992版。

蒙娜丽莎　达·芬奇　意大利

6

神秘的画中人：

蒙娜丽莎微笑的背后

在法国的卢浮宫博物馆里，保存着一幅名为《蒙娜丽莎》的油画。如今，这幅画是世界上最昂贵的艺术作品之一。每天，都有来自世界各地的众多艺术爱好者，在它面前流连忘返。这幅由意大利画家达·芬奇创作于1502年的人物肖像画，其主人是一位美丽端庄的少妇。几百年来，画中人那神秘、悠远的微笑，不知让多少人浮想联翩。人们对神秘微笑了几百年的蒙娜丽莎的真实身份，产生了众多传闻和猜测。

天才画家达·芬奇

达·芬奇雕像

列奥纳多·达·芬奇(1452～1519年)意大利文艺复兴时期最杰出的艺术大师,与拉斐尔、米开朗琪罗并称意大利文艺复兴三杰。1452年4月15日,达·芬奇出生于文艺复兴的发源地、历史上著名的城市共和国佛罗伦萨附近的一个小镇——芬奇。由于是一名私生子,因此他的名字在意大利文中的意思是"芬奇镇的列奥纳多"之意,而没有冠之以父亲的姓氏。年轻时,达·芬奇跟随佛罗伦萨画派画家韦罗基奥学画。1481年,他离开佛罗伦萨前往米兰,之后应法国国王弗兰西斯一世的邀请,前往法国,在法国他度过了自己的一生,1519年在克劳城堡去世。

作为文艺复兴时期最卓越的代表人物,达·芬奇是世界历史上罕见的全才,他的成就和贡献是多方面的,在多个领域都很有建树。他不但是一位天才的大画家,还是一位数学家、音乐家、发明家、解剖学家、雕塑家、物理学家和机械工程师。他不仅以其高超的绘画技巧而闻名于世,还设计了许多在当时无法实现的超时代的发明,而这些设计后来都被现代科学技术所实现了。同时,达·芬奇还推动了建筑学,解剖学和天文学的发展。他是欧洲第一位描画风景的画家,他画中的人物真实、栩栩如生,构图严谨、稳重。他最著名的画作是为米兰圣玛利亚修道院作的壁画《最后的晚餐》和肖像画《蒙娜丽莎》,著作有《绘画论》。

达·芬奇这位当时世界的天才,其主要才能表现在科学发现和想象上。他曾经设计过直升机、飞行器、热气球、攻城器以及城市防御体系、排水系统,还研究过人体解剖、比例、透视,是一位多才多艺、全面发展的人。他道德高尚,举止温雅,且体格健壮,力量过人,据说他一只手就能轻易地折断马蹄铁。更有趣的是,他左右手都会写字、作画,而他用左手写的字是反向的,人们只有在镜子里才能看懂!

从达·芬奇留给后人的12幅绘画作品和7000多页手稿、设计图来看,他对科学的兴趣要比对绘画大得多,他在科学研究上的成就绝不亚于他的艺术成就。他曾提出"太阳是不动的"这一超时代的结论,早在哥白尼之前就否定了地球中心说,他当时就认为月亮本身并不发光,只能反射太阳的光辉,甚至幻想过如何去利用太

达·芬奇的著名画作《最后的晚餐》

达·芬奇绘制的各种设计草图

达·芬奇的才华并不仅限于绘画方面的成就，在他记录幻想发明和观察自然现象的笔记本中，同样显示了他在其他领域中的才能。如此丰富的创造都出自一己之力吗？

阳能。在物理学方面，他发现了液体压力，提出了连通器设想，还发展了杠杆原理。他关于物体惯性的描述后来为伽利略的实验所证明。达·芬奇对解剖学和生理学也很着迷。他研究解剖最初是为了让艺术造型更加准确，后来却发展成了一个独立的科学研究领域。他在解剖学上的最大贡献是创造了一套图解，而这种样式至今仍被广泛应用着。他是设想采用玻璃和陶瓷制作心脏和眼睛的第一人，他甚至绘制过婴儿在母体中的发育图。达·芬奇研究过心脏和血液循环系统，并画出了心脏瓣膜，这是有史以来第一幅有关动脉硬化的解剖图！

在军事和机械领域，达·芬奇设计了飞行机械、直升机、降落伞、机枪、坦克、潜水艇、双层船壳战舰、起重机、纺车、机床、冲床、自行车等等。达·芬奇还是一位杰出的思想家。他坚信科学，常常流露出对宗教的怀疑和厌倦。他认为认识起源于实践，知识的获得要依靠直接的观察和经验。他的实验工作方法经伽利略从实践上加以发展，后来由英国哲学家培根从理论上予以总结，成为近代自然科学最基本的研究方法。

在生前，达·芬奇的大多数著作和手稿都没有发表，直到他逝世后多年，这些天才的产物才被人们发现。正如一位科学史学家评论的："如果他当初发表他的著作的话，科学本来一定会一下就跳到一百年以后的局面的。"因此，恩格斯就曾称达·芬奇称为文艺复兴时期"巨人中的巨人"。

被后人视为旷世奇才的达·芬奇为后人留下了充满智慧的财富，即便是几百年后的今天，仍然令人叹为观止。不过对于后世大多数人而言，似乎认为他只是一名画出了永恒微笑的画家，这幅画，就是举世闻名的《蒙娜丽莎》。作为达·芬奇的代表作品以及文艺复兴时代的一个象征，这幅名画拥有着超越时空的无穷魅力。首先就是画中女子那神秘的微笑，几百年来不知吸引了多少人流连忘返，试图从不同角度捕捉她的神情，却总是百思不得其解。其次，关于画中女子真实身份的猜测，长期以来，一直困扰着研究者。她的原型到底是谁，与达·芬奇又有什么关系，一直是世界文化艺术界的重大悬案。

寻找蒙娜丽莎的原型

几百年来，《蒙娜丽莎》——达·芬奇所创作的这幅名画，是世界上最永恒的女性阴柔美的象征。画中的女子天生丽质，带着谜一样的迷人微笑。从风格上讲，这幅画和同时代其他的画都不一样。更让人产生疑问的是，画上面没有签字，也没有日期，更没有透露画中人的名字，那么达·芬奇创作时的原型究竟是谁？对此，学术界和民间一直争论不休，因而长期以来流传着不少有关蒙娜丽莎身份的说法。

很多人认为，画中人可能是当时意大利社会上层的某位贵妇人，他们还提出几位极有可能的候选者，包括伊莎贝拉·德艾斯特、伊莎贝拉·古亚兰达以及塞西利娅·加莱拉妮等。另有一些人认为，蒙娜丽莎不是别人，其原型就是达·芬奇的情妇。也有相当一部分人认为，画中人是当时佛罗伦萨城内的一位名妓。此外，也有人声称画中人是达·芬奇的母亲。最令人感到新奇的是，有人对达·芬奇的面部线条与画中人的面部线条进行了研究后，认为二者的线条非常相似，于是得出结论：这是达·芬奇的自画像！而他之所以把自己画成女人，只不过是因为达·芬奇天性好玩。

后人想象的达·芬奇绘制《蒙娜丽莎》时的场景

像前一段时间的畅销小说《达·芬奇密码》中就坚定地认为《蒙娜丽莎》是达·芬奇本人的女版自画像，甚至更进一步推测达·芬奇很可能是个极其自恋的同性恋者。还有一些人则干脆认为，《蒙娜丽莎》是达·芬奇的即兴发挥，根本就没有什么原型。

种种争论，一直持续了400多年的时间。不过，最近的一项研究结果似乎正逐渐澄清着史实。该项研究表明，"蒙娜丽莎"的真名叫丽莎·吉拉迪妮，她是一位名叫弗兰西斯科·吉奥康多的意大利丝绸富商的妻子。更有趣的是，早在1550年，便有人提出了这一观点，只不过直到今天才找到证据而已。

就在前不久，来自意大利佛罗伦萨市的教师吉乌塞普·帕兰蒂，在经过了25年的时间对达·芬奇的一生进行研究后，将自己的成果全都写进了他的著作《蒙娜丽莎真有其人》中。该书出版发行后，立即引起不少人的关注。

在25年当中，吉乌赛普·帕兰蒂一直在研究佛罗伦萨市的档案，试图在这里获得突破。功夫不负有心人，他终于找到了明显的证据。经过研究发现，达·芬奇一家与丝绸商弗兰西斯科·吉奥康多的关系非常密切。1495年，吉奥康多娶丽莎·吉拉迪妮为妻。帕兰蒂还指出，其实早在1550年，专门描写意大利文艺复兴艺术家的传记作家吉奥·瓦萨里便认为这位丝绸商的妻子是《蒙娜丽莎》的原型，因为这位作家本人与吉奥康多一家的私交甚好。如今看来，瓦萨里的这一说法是可信

达·芬奇手稿

达·芬奇生前留下大批未经整理的用左手反写的手稿，难于解读，直到17世纪中叶，才有学者整理出小部分手稿。达·芬奇手稿分几大类：论绘画，1817年在乌尔宾诺图书馆发现经达·芬奇弟子梅尔兹整理的《绘画论》手稿。论雕刻。论建筑，包括教堂草图、拱型结构分析。论生理。论人的生死、记忆、智力和欲望。论解剖学。论动物学。论天文。论地球、太阳和行星。论地理。论地下水、地质学、意大利运河、法国的道路。论开矿。论哲学、小故事、书信。

的。实际上，《蒙娜丽莎》这幅画还有另外一个鲜为人知的名字——"拉·吉奥康多"，这个名字正好与瓦萨里的说法相吻合。

在对佛罗伦萨市的档案进行了长年研究后，帕兰蒂发现，达·芬奇的父亲、公证人赛尔·皮埃罗·达·芬奇与赛尔·弗兰西斯科·吉奥康多相识多年，建立了密切的社会关系，为后者做了很多事，包括帮助他们兄弟写契约，还于1497年帮助他解决了与佛罗伦萨修道士的货款纠纷。据帕兰蒂考证，蒙娜丽莎是达·芬奇父亲朋友的妻子，她的名字叫丽莎·吉拉迪尼，出嫁前居住在基安蒂市。帕兰蒂发现的丽莎的结婚登记表证明，1495年3月5日，16岁的丽莎于与年长她14岁的赛尔·弗兰西斯科登记结婚。弗兰西斯科的第一任妻子卡米拉·鲁塞拉伊在1494年去世，丽

莎是吉奥康多的第二任妻子，出嫁时只有 16 岁。

在自己的著作中，帕兰蒂指出，吉奥康多非常爱自己的妻子，甚至专门在家中修了个小礼拜堂，使妻子能在那里祈祷。在临终前，吉奥康多立下遗嘱，将全部财产都留给了丽莎，并把她称为"心爱的、忠实的妻子"。此外，帕兰蒂还透露，当时佛罗伦萨城中一位酒商也认识丽莎，这位酒商曾在日记里写道："丽莎·吉拉迪尼的生命属于佛罗伦萨和基安蒂……我也是基安蒂人，我想记下她的故事。"丽莎 24 岁那年，达·芬奇的父亲请儿子为她画像。当时达·芬奇正被一场财务纠纷所困扰，为了帮儿子一个忙，达·芬奇的父亲自己拿出一笔钱，然后告诉儿子这是丽莎和她丈夫出的画像费，于是，达·芬奇欣然完成了这幅人物肖像。

此外，帕兰蒂还找到了，这对夫妇生下的 5 个孩子中的 4 个孩子的档案：皮埃罗生于 1496 年；卡米拉生于 1499 年；安德里生于 1502 年；吉奥康多生于 1507 年。其中，卡米拉和妹妹后来成为修女。

帕兰蒂表示，他一直没有找到丽莎的死亡档案，但具体时间可能是在 1540 ~ 1570 年之间。因为从 1540 年开始，当地居民的死亡档案管理混乱，许多档案都是空白，但自 1570 年后，死亡档案步入正轨。帕兰蒂还发现，1570 年，也就是丽莎的丈夫去世一年后，她把在奇安蒂的一个农场转让给自己的小女儿鲁多维卡修女，这个农场是丽莎的嫁妆。帕兰蒂认为，丽莎之所以转让这个农场，可能是为了换取鲁多维卡修女同意照顾她，因为当时她已经 60 岁了。

由于破解蒙娜丽莎之谜的贡献，一些学者给予帕兰蒂很高的评价，不过仍有一些人对这一结论表示怀疑。对此，帕兰蒂强调自己并没有进行任何虚构，只是把搜集到的资料整理成书而已。他说："我不是写小说，我要用事实说话，我的书里只有真实的历史资料。"

关于这幅名画的创作过程，也是文艺复兴时期最大的谜团之一。前不久，意大利研究人员宣布，他们找到了达·芬奇在佛罗伦萨的工作室，而这正是《蒙娜丽莎》诞生的地方。

在佛罗伦萨市中心的桑蒂西马·安兹亚塔修道院里，三名研究人员还发现了一个从修道院通往一个工作室的隐藏的楼梯和门口。经考证，人们发现这就是达·芬奇在 16 世纪初进行创作的画室。画室还用壁画进行了装饰，其中一幅壁画描绘的是一张被群鸟围绕的有翅膀的天使的脸。专家认为这表现的是"天使报喜"的主题，与佛罗伦萨乌菲兹美术馆保存的达·芬奇创作的一幅"天使报喜"图使用的是类似的技法。专家们认为，这些壁画是达·芬奇和他的学生们画上去的。也正是在这个地方，达·芬奇遇到了激发他创作出名画《蒙娜丽莎》的那个女人，也就是佛罗伦萨丝绸商人弗朗西斯科·吉奥康多的妻子，因为吉奥康多一家在这座修道院有一个小礼拜堂。当时，达·芬奇还在这里创作了《圣女和抱孩子的圣安妮》，目前保存在意大利国

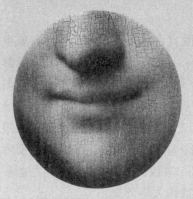

这是一双温柔的眼睛，带着深不可测的意味看着远方。这双眼睛没有睫毛和眉毛，这是因为修复此画的人考虑到当时佛罗萨流行剃眉的美容术，将睫毛连同眉毛一起修掉了。

这是美术史上最大的谜之一，众说纷纭：其微微翘起的嘴角左右不匀称，嘴唇轮廓不太清晰。画家涂上薄薄的色彩，运用晕涂法使光与影巧妙地融合，创造出独特的效果。

这是被认为是美术史上画得最美的一双手，精确、丰满、柔嫩。

背景山水幽深茫茫，淋漓尽致地显示了画家奇特的烟雾般的笔法"空气透视"。达·芬奇对同时期的恬静派风景画十分反感，他偏好描绘散发着神秘气息而动人的自然景观。

有人说蒙娜丽莎衣饰上的链状刺绣图案正是达·芬奇的签名方式。意大利文"链接"为Vincolare，似乎和达·芬奇(DaVinci)的名字有着一定关系。

家美术馆里。

在过去的 100 年里，这座修道院一直由军事地理研究所占用。直到最近对修道院的部分设施进行修缮时，专家们才发现了达·芬奇的这个工作室。佛罗伦萨保存与恢复委员会主席克里斯蒂娜·亚西迪妮表示，发现这个工作室是一件令人激动不已的事件，她说："我们需要进行更深入的研究，但发现这些壁画的确鼓舞人心。"

几百年前，专注于意大利文艺复兴人物的传记作家吉奥·瓦萨里曾在《艺术家们的生活》一书中写道，当修道院的修道士带他进入他们的房间时，他看到过达·芬奇当年使用的东西。可是直到现在，达·芬奇的工作室才被确认。达·芬奇研究专家阿莱桑德罗·维佐西表示，达·芬奇工作室的发现可以使学者们更好地理解达·芬奇当年的创作情况。

永恒的神秘微笑

作为具有世界影响的传世名作，《蒙娜丽莎》所带给人们的疑问不仅如此。该画的最大魅力就在于画中人的神秘微笑。无论从艺术表现力上，还是从光学、解剖学等方面而言，它都充满着神奇色彩。因为我们从不同的角度去欣赏这幅画时，总会得到不同的效果，这也是它令全世界无数艺术爱好者着迷的原因。

美国旧金山斯密斯凯特威尔眼科研究中心的一名科学家研究发现，人类视觉讯号的干扰可改变他们对《蒙娜丽莎》面部表情的判断，这就可以解释为何不同人对她的微笑有不同看法，有时看来哀伤、忧心忡忡或快乐。而她的微笑可能源于人们脑部的判断受到视觉噪音干扰，就像收不清台的电视机上的"雪花"。

这位专家指出，传送到我们眼睛的讯号的自然"噪音"似乎会改变我们看到的影像。照射到视网膜的光子数目随着不同时刻而变动，有时会对我们所看到的视觉图案造成误导性的干扰，效果跟电视受到干扰相似，令面部和对象的轮廓模糊不清。

有研究者分析，具备科学天才的达·芬奇在画"蒙娜丽莎"的嘴巴时，运用了模糊轮廓的手法，这种手法在意大利原文的字面意思为"像烟般蒸发"。而美国哈佛大学一名神经生物学家利文斯通其著作《视觉和艺术：观赏的生物学》中提出一个理论：以模糊手法绘画的微笑，在周边视觉下较为明显，所以当你集中望向她的嘴巴时，笑容便会消失，就像我们观看暗淡的星星时，直接望上去星星便会消失。他认为，这不只是单纯的模糊手法，达·芬奇绘画时还试图"欺骗"人类的视觉，令欣赏者要从侧面观看，才能清楚看到"蒙娜丽莎"的笑容。

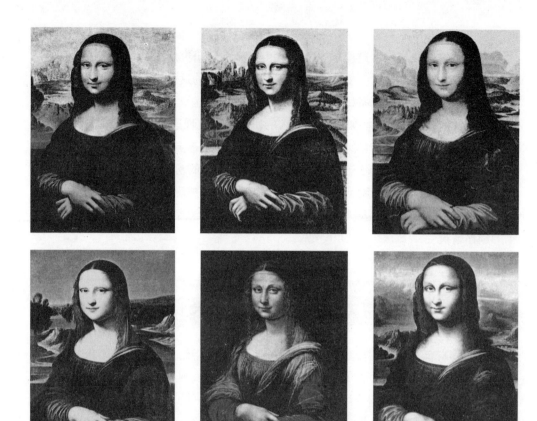

后人模仿《蒙娜丽莎》的画作

　　在这里，我们就不得不关注一下达·芬奇这个将科学与艺术完美地结合在一起的天才。但是按照达·芬奇的界定，艺术，尤其绘画，不但是一种科学，甚至是"所有科学之后"。达·芬奇的独到之处就在于，他既能发现事物表面迷人的美感，又具备物理学者与解剖学者的视角。他同时具有科学家的观察力与艺术家的表现力，是艺术史上第一位对人体和动物的比例做过系统研究的艺术家。他不但熟悉人体外部的比例，而且了解人体的内部构造，因此笔下人物的比例、结构、动态都十分准确，无懈可击。正是因为达·芬奇对几何比例与构图十分精通，才使《蒙娜丽莎》除了那永恒的神秘微笑外，还创造性地解决了半身肖像的构图问题。几个世纪以来，西方那些卓越的半身像无一不受这幅画的影响。

　　达·芬奇最大的艺术贡献，体现为运用明暗法使平的画面呈现出空间感和立体感。在文艺复兴初期，画家一般都用线条来表现透视，单线平涂，色彩较单调。而达·芬奇研究光影学，首创明暗渐进法，用光线和阴影的技巧来描绘人物、景致，使之呈现逼真的立体感。甚至一直到印象派出现之前的几百年内，无人能够逾越达·芬奇建立的三度空间绘画体

系。由他首创的明暗法使这一时期的绘画为之一变，艺术史家普遍认为它是绘画艺术的一个转折点。在同时代的人看来，达·芬奇就像一位充满传奇色彩的魔术师；而在现代人眼中，令人惊异的是，他仅用 12 幅完整的作品就奠定了最伟大画家的地位。

今天，面对着这幅《蒙娜丽莎》，人们除了惊叹，还是惊叹，就像一部艺术史著作所总结的："这是世界美术史上最美的一只右手；这副脸庞，只要见过一次，就永远离不开我们的记忆……这是人类绘画的极品，这幅画的巨大成功致使以后的画家没人敢再涉足这个题材！"

推荐阅读
① （意）达·芬奇著：《论绘画》，人民美术出版社，1986 版。
② 徐孝贵著：《蒙娜丽莎的秘密：世界名画的故事》，汕头大学出版社，2005 版。
③ 郑文著：《蒙娜丽莎的微笑》，上海人民美术出版社，1998 版。
④ （美）丹·布朗著，朱振武等译：《达·芬奇密码》，上海人民出版社，2004 版。
⑤ 秦海著：《达·芬奇：全能天才》，太白文艺出版社，2003 版。

拿破仑加冕典礼

7

孤岛疑案：
拿破仑去世之谜

　　拿破仑·波拿巴，法兰西第一帝国的皇帝、伟大的军事家、政治家。这个个子矮小的法国人，拥有传奇的一生。他在战场上所取得的举世无双的胜利，令无数征伐者为之汗颜；他带给欧洲的巨大政治冲击，曾影响了千万人的命运。然而，这样一位绝代英雄，却最终在一个名为滑铁卢的地方遭到了人生最大的打击，并被他的政治敌手流放到大洋中的一个孤岛上，最终寂寞地在那里结束余生。不过，人们并没有彻底将他忘记，180多年以来，这位英雄是如何死去的，已成为世界历史上著名的一大谜案。

1806年10月14日清晨，普法最关键的一战在耶拿城与魏玛之间打响。此为拿破仑在作战前的动员活动。

辉煌的一生

拿破仑·波拿巴（1769年8月15日～1821年5月5日），法国近代史上伟大的军事家和政治家。他出生于科西嘉岛阿雅克修城的一个破落贵族家庭，10岁就进入军校学习，年仅16岁就被任命为炮兵团少尉军官。1789年法国资产阶级革命爆发时，拿破仑同情革命并成为雅各宾派的拥护者。1793年7月，由于一举攻下了保王党的堡垒土伦，拿破仑深受革命领袖罗伯斯庇尔的赏识，被任命为少将、炮兵旅长。1795年10月，拿破仑率炮兵击溃了巴黎保王党人的武装叛乱，被督政府晋升为陆军中将、巴黎卫戍司令，从此开始成为军界和政界的重要人物。

1796年3月，年仅26岁的拿破仑被任命为法国意大利军司令官，从此开始了独立作战的生涯。出发前，拿破仑与巴黎著名的交际花约瑟芬举行了婚礼。在意大利，他与处于优势的第一次反法同盟军连续作战，取得了一系列的辉煌胜利。1798年5月，拿破仑又受命远征埃及。1799年8月，拿破仑看到国内局势急转直下，人民怨声载道，认为时机已到，立即率亲信离开埃及，冲过英国海军的封锁，秘密返回巴黎，并于11月9日发动了著名的雾月政变，成为第一执政。1800年6月，拿破仑打败第二次反法同盟。同时在国内，他利用欧洲大陆短暂的和平，励精图治，发展国力，一时间法国出现了繁荣昌盛的局面。1802年5月，经全民投票通过，拿破仑成为"终身执政"，集行政、司法、立法大权于一身，为向帝制过渡铺平了道路。1804年5月18日，拿破仑正式加冕，宣告自己为法兰西第一帝国的皇帝，称号为"拿破仑一世"。在位期间，他还颁布了著名的《拿破仑法典》，该法典确立了资本主义立法规范，至今还对西方社会发挥着作用。

此后，拿破仑又多次打败奥、英、俄等国结成的反法同盟，迫使对手或割地，或赔款求和，期间还占领西班牙等国。1810年3月，他与约瑟芬离婚，娶奥地利国公主玛丽亚·路易莎为妻。1812年，拿破仑发动了对俄国的远征，这成了他一生中的重大转折点。起初，他的军队长驱直入，直捣莫斯科城。然而，当地的严寒气候和俄国军民的抗法斗争终于使法军大败而归。1813年，欧洲第六次反法同盟成立，拿破仑率军40万余联军作战，结果在莱比锡战役中一败涂地，各附庸国及诸小邦乘机起来摆脱法国控制，拿破仑陷入四面楚歌的境地。1814年，反法联军向法国本土进军。很快，巴黎沦陷，拿破仑被迫于4月6日宣布退位，并被放逐到意大利的厄尔巴岛，波旁王朝复辟。然而，拿破仑再次创造了世界历史上罕见的奇迹。不到一年的时间，他竟成功地从厄尔巴岛上逃了出来，并迅速集结了数以万计的支持者，

该图展现在英普联军的全面反攻下，拿破仑（左前景中）溃败的情景。经此战后，拿破仑签署了退位令，结束了他100多天的复位局面。

于 1815 年 3 月 20 日，不费一枪一弹进占了巴黎，重新登上皇帝宝座，建立了"百日王朝"。当时正在维也纳开庆功会的欧洲各君主国慌忙调集重兵，组成第七次反法

拿破仑的遗容画作

在圣赫勒拿岛最后的日子里，拿破仑是在病痛中度过的。

同盟军。1815 年 6 月，拿破仑在滑铁卢战役中几乎全军覆没，被迫第二次退位。10 月，他被流放至更遥远的圣赫勒拿岛。

1821 年 5 月 5 日，拿破仑在岛上病逝，终年 52 岁。19 年后，法国的七月王朝派军舰到圣赫勒拿岛迎回了拿破仑的遗骨，将其安葬在塞纳河畔的荣军院。

官方的说法：拿破仑死于胃癌

拿破仑去世后，有关方面对他的尸体进行了解剖。但在当时复杂的政治环境下，为了避免难以预料的政治风波，解剖的过程和病情结论，始终未对外界作任何披露，

拿破仑自从到了圣赫勒拿岛后，一直坚持口述自己的历史，即使在患病期间也不间断，这为后人提供了研究他及这段历史的珍贵资料。

最终只是由法国当局出面宣称拿破仑死于"心血管疾病"。然而，一位名叫科斯坦的专家，在对拿破仑生前最后一位医生弗兰斯西科·安东马奇书写的病历进行仔细研究后，提出了新的观点：拿破仑死于胃癌，其理由主要有 3 个方面。

第一，从遗传学的角度来看，癌症可以说是拿破仑家族的遗传病，这是支持拿破仑死于胃癌一说最有力的论据。研究者发现，拿破仑一家三代人中大多数死于胃癌，这其中包括他的祖父、父亲与 3 个妹妹。有关专家也介绍说：第一，存在着纯遗传性的胃癌，也就是说由患胃癌的父母等直系亲属直接遗传给下一

代；第二，胃癌的遗传性更多的是体现在遗传物质上，它不同于遗传病，父母有就一定会传给下一代。就目前病因学研究结果看，有些癌瘤可能是在一定的遗传特征的基础上，再加外界致癌物作用所致。既然拿破仑一家有多位成员因胃癌而死，并且基本上都是他的直系亲属，那么拿破仑患胃癌的概率自然是很大的。

拿破仑入殓

其次，拿破仑本人也一直认为自己得的是癌症。研究人员根据文献记载发现，拿破仑平时总是喜欢把右手插在马甲中，这个细微的生活习惯正好反映出他一直遭受着严重胃痛的折磨，而恶性胃溃疡发展成为胃癌的可能性相当大。同时，止痛药在拿破仑的日常生活中频繁出现也是一个很好的佐证。据说人们在给拿破仑做尸体解剖时，发现其胃已溃烂，肝部微肿，其他内脏完好。拿破仑的私人医生弗兰斯西科·安托马奇在病历中有这样的记载：拿破仑死前上腹部剧痛难忍，打嗝呼出的气味非常难闻；他还有慢性神经衰弱和厌食迹象；拿破仑患有慢性泌尿系统疾病，夜里常咳嗽，并出冷汗，而这些症状同胃癌病人发病的症状非常相像。科斯坦还表示，报告中用医疗术语暗示，医生在拿破仑体内发现了一个胃瘤。由于当时做尸体解剖的除了有拿破仑的私人医生弗兰斯西科·安东马奇外，一同在场观看的还有5位英国医生，因此一般认为，医生在尸体解剖时做手脚的可能性不大，这一结论性的病情报告的真实性还是有保障的。所以它在相当长的一段时期内，在史学界享有绝对的权威。

第三，近年来又有一项新的研究成果表明，拿破仑确实死于胃癌，这项研究是由瑞士巴塞尔大学医院解剖病理学院专家艾利桑德罗·鲁格里领导的小组和苏黎世大学医学史研究所的科学家们联手进行的。研究的手段则很奇特，它通过对拿破仑不同时期所穿的裤子进行分析得出结论。研究者们共分析了12条拿破仑生前穿过的裤子，其中有4条裤子是他被流放之前穿过的，另外8条是他在流放圣赫勒拿岛的6年期间穿的，包括他临死前穿的那一条。研究者们从死于胃癌的病人的尸检报告中获取了体重下降的信息后，又测量了健康人的腰围，并由此推算出腰围和实际体重之间的关系，随后这些数据被用来作为推测拿破仑死前几个月的体重情况的依据。瑞士科学家们测量了这12条裤子的腰围，然后又研究了一些活着的胃癌病人的腰围变化，结果发现，拿破仑的腰围变化和胃癌病人的腰围变化完全一致。拿破仑生前穿的最大号裤子腰围尺寸是110厘米，而在他1821年去世前，他所穿的裤子腰围已缩小到了98厘米，也就是说裤子腰围的最大差异达到了12厘米。

法国人民的愤怒：拿破仑是中毒而死

由于在法国人民心目中，拿破仑享有无上的威望，所以当他被流放后，在短短的时间内就逝世的消息传出时，很多人都曾对此事表示了怀疑。尤其是在法国人民中间，当时就有拿破仑被毒害致死的传言，并逐渐流传开来。他们认为，既然在英国人眼中，拿破仑是"刽子手"和"最可怕的危险人物"，那么当昔日的敌人成了自己的阶下囚，面对如此绝佳的机会，他们岂能放过他？同时，法国人民并不仅仅是出于对自己民族英雄的爱戴，才产生这种怀疑的，而是有所凭据的。

第一，据说在拿破仑贴身男仆的日记中曾记载到，拿破仑在狱中经常忍受慢性疼痛，这也一度成为他被人投毒致死的证据之一。曾随拿破仑一起流放到圣赫勒拿岛的仆人路易·马尔尚，在其日记中写道：拿破仑去世前"经常失眠，腿部肿胀无力，掉头发，偶尔抽搐，总是觉得口渴"。后来，瑞典牙医和毒药专家佛舒伍德在对日记进行仔细研究后认定，上述症状均与人服食砒霜后的情形类似。

第二，人们后来在对拿破仑的头发进行化验时，从结果中也发现了一些疑点。1957年11月，佛舒伍德在哥德堡的图书馆里，读到一篇新奇的论文，其中提到只需用一根头发就能分析出砒霜含量，这促使他开始着手验证自己的推论。3年后，

他专程到巴黎从拿破仑侍从的后裔处索取拿破仑的头发。经过23年的努力，佛舒伍德用现代技术鉴定了拿破仑头发的化学成分。他发现越是接近头发根部，所含的砷就越多，而一般人头发中砷的含量是极低的。因为砷是一种有毒的化学元素，它的化合物——三氧化二砷就是砒霜，一种剧烈的毒药。拿破仑头发中的砷含量比正常人头发的含量高出40多倍。这一结果似乎足以证实拿破仑死于"中毒"的说法。后来，法国斯特拉斯堡的科学家也通过对拿破仑发样分析确认，其砷的含量是正常人的7～

圣赫勒拿岛的
土壤　1969年

拿破仑在圣赫勒
拿岛用过的牙粉

上面所缚头发为拿破仑遗物，它们为后人对其死因的种种猜测提供了实物材料。

38倍。这些科学家认为，只有长时间的慢性砷中毒才会达到如此高的指标，所以他们据此认定拿破仑很可能是死于砒霜中毒。再后来，美国联邦调查局和法国巴斯德大学也对拿破仑的一根头发进行了分析，并从中发现了相当数量的砒霜。

医生为拿破仑开的处方及拿破仑死时穿的衣服。

所有这些结果，无疑都在向人们昭示拿破仑死于中毒的"事实"。

至于凶手为何选择砒霜作为杀人的工具，怀疑者推测，除了因为它的毒性之外，还在于它无臭无味，难以在尸体上被检验出来，而且人们往往容易将砒霜中毒的症状与其他一些疾病的症状相混淆。但另一方面，有专家认为，根据历史记载，拿破仑是个非常小心谨慎的人，总是时刻保持着高度的戒备心理，他的皇后约瑟芬就曾亲口说过皇帝总担心被下毒害死的话；即便是在去往圣赫勒拿岛的船上，拿破仑也从不随意享用自己喜欢的食品，而是通常要让大臣们亲口尝过一小时后，才开始品尝。那么，如此小心谨慎的拿破仑又怎么会轻易中毒呢？究竟又是谁下的毒？围绕这些问题，多年来出现了各种各样的说法。

英国历史学家钱德勒等人认为，毒害拿破仑的最大嫌疑犯应是拿破仑的好友查尔斯·蒙托隆伯爵，他当年正是利用自己的这种身份所创造的便利条件，秘密在拿破仑饮用的酒中放入了砒霜，毒死了这位蒙难的法国皇帝。不过，在蒙托隆为何要投毒的问题上，研究者们又存在很大争议。

有人认为蒙托隆是谋财害命，持这一观点的研究者认为，根据当时的文件记载，拿破仑在其遗嘱中为蒙托隆留下了价值200万法郎的金币，在蒙托隆后代家中发现的文件也显示，身为律师的蒙托隆当时陷入了非常严重的财务困境。所以他们推测，很可能蒙托隆是为摆脱这种困境，才产生了"提前获得拿破仑遗产"的想法，并将之付诸行动。

还有一些历史学家则宣称，这是一起政治谋杀。他们分析蒙托隆应该是法国保皇党和英国的间谍。由于这两派力量都不希望他长命百岁，尤其是拿破仑的卷土重来，曾使他们胆战心惊，只有拿破仑的死亡才能彻底让他们放心。再有，当年为了防范拿破仑从南大西洋逃跑，英国还派遣了一支舰队和5000名士兵日夜轮流地监视圣赫勒拿岛，仅此一项每年所需的军费开支就高达800万英镑，如果拿破仑不在了，这笔额外的军费开支岂不是就节省下来了吗？在这种情况下，蒙托隆进入了他们的视野，成为他们除掉拿破仑的最好人选。对于蒙托隆伯爵而言，此举可谓是"一箭双雕"了，他当然会竭尽所能的不辱使命。有人认为，在法国国王路易十八的兄弟阿图瓦公爵指使下，蒙托隆曾多次阴谋杀害拿破仑。这位阿图瓦公爵作为法国王室的继承人，当然担心拿破仑复出推翻君主政体，所以非常支持暗杀拿破仑的行动。

还有一种离奇的说法，认为蒙托隆是因为"爱"才投毒的，提出这一说法的正是当年投毒者的后人——弗朗索瓦·德·孔戴·蒙托隆，他提出这种说法的依据是一本手记。近30年以来，弗朗索瓦一直潜心研究拿破仑在圣赫勒拿岛上度过的最后日子的记录。一次偶然的机会，弗朗索瓦在自家祖传的宅院中发现了一个暗室，暗室里藏有其先人蒙托隆伯爵撰写的一部关于圣赫勒拿

岛生活的手记，伯爵在这本手记中记载了他和拿破仑在圣赫勒拿岛生活的情景。此外，历史学家还发现了伯爵与同时流亡到岛上的古尔戈将军合写的8卷回忆录和一些信件，其中一封信可能就是拿破仑的亲笔信。这些历史文献再一次证实了拿破仑被毒死的说法，凶手正是拿破仑的忠实随从——蒙托隆伯爵。手

法国保存的拿破仑的尸体是假的？

当年在巴黎开棺时，有目击者证实拿破仑的尸体保存完好，丝毫不像在岛上潮湿的土地中掩埋过19年的样子；经对照两次安葬目击者的笔录文件发现，拿破仑在圣赫勒拿岛下葬时，他的荣誉勋章佩戴在衣服外面，而1840年在巴黎开棺时，勋章却被放置在制服里面；最可疑的一点是：开棺时，人们发现拿破仑众所周知的一口黄牙变成了刺眼的白牙。据此，法国历史学家罗伊·亨利怀疑是英国政府毒杀了拿破仑，为隐瞒真相，在1840年移交拿破仑棺木时将尸体调了包。

记中说，伯爵在圣赫勒拿岛上经常给拿破仑吃含有小剂量砷的药，但他此举并不是为了暗杀拿破仑，而是出于对他的无限忠诚的"爱"。伯爵希望能通过给拿破仑服食这种小剂量的毒药，使"伟大的皇帝"身体日渐衰弱，给人以一种患了重病的印象，从而最终促使狱卒能允许拿破仑返回欧洲大陆接受治疗。那么这个伟大的计谋为什么最终没能实现呢？弗朗索瓦推测，也许原因就在于拿破仑一直认为自己胃部有肿瘤，为了减轻胃部疼痛而经常服用止痛药。不幸的是，正是这些止痛药与砷发生了致命的"化学效应"，从而使他命丧黄泉。

不过，也有相当一部分研究者从科学的角度分析，认为拿破仑的中毒并非是人为的，而是另有根源。据介绍，拿破仑被放逐到圣赫勒拿岛时，在他所居住的卧室里贴着一种特殊的墙纸。这种墙纸长不到1米，但其成分中有一种富含高浓度砒霜的绿色涂剂。一些专家指出，圣赫勒拿岛位于南大西洋，岛上的气候非常潮湿，含有砒霜的墙纸受潮后会蒸发出水汽，这些水汽中同样也充满了高浓度的剧毒砷化物，进而污染了整个卧室的空气。拿破仑长期呼吸这种有毒物质，不可避免地导致慢性中毒而死亡，这大概就是我们今天所说的室内装修污染吧。当年监狱看守的记录上曾记载道："拿破仑在生命的最后

拿破仑至死仍然坚持保护法国大革命的成果，他认为"帝国卫士永远唱着马赛曲前进"。拿破仑自视为法国荣誉的化身，法国也以拿破仑为荣。1840年12月15日，经过激烈的公开辩论后，路易·菲利浦获英国同意后以盛大而辉煌的仪式将拿破仑的遗体运回巴黎。成千上万的民众目睹符合皇帝身份的棺木在庄严肃穆的送葬队伍中，被送往军人公墓安葬，尚在人世的旧部属们悲恸欲绝。

拿破仑生平大事年表	
年代	**事件**
1769 年	8 月 15 日,出生于法国科西嘉岛阿雅克修城。
1779 年	开始接受法国教育。
1784 年	进入炮兵学校学习指挥。
1786 年	以少尉衔毕业。
1793 年	参加收复土伦堡战役,显露其军事才能。
1795 年	10 月,在巴黎平定保王党人暴乱。
1796 年	越过阿尔卑斯山,挥师意大利,打败反法同盟重要国家奥地利。
1798 年	5 月,远征埃及。
1799 年	8 月,秘密潜回国内;10 月到达巴黎,密谋政变;11 月 9 日,发动雾月政变,任首席执政官。
1800 年	5 月,开始第二次意大利战役,再次打败奥地利。
1802 年	8 月,由首席执政变为终身执政,确立独裁统治。
1804 年	3 月,颁布《拿破仑法典》。5 月,被元老院封为皇帝。12 月 2 日,由罗马教皇加冕,正式即皇帝位,建立法兰西第一帝国。
1805 年	5 月底,成为意大利国王;12 月,大败反法联军,赢得著名的奥斯特里茨大捷。
1806 年	横扫普鲁士,使神圣罗马帝国解体,颁布大陆封锁令。
1807 年	在弗里德兰战役中打败俄国军队;占领葡萄牙首都里斯本。
1808 年	侵入西班牙,占领其首都马德里。
1809 年	攻打奥地利,进入维也纳;攻占教皇国,软禁教皇。

1810 年	3 月，与皇后约瑟芬离婚；4 月，立奥地利公主玛丽亚·路易莎为皇后，吞并荷兰。封亲信贝尔纳多特元帅为瑞典王王储，驻兵瑞典。
1811 年	玛丽亚·路易莎生下儿子，立为罗马王；加紧对俄战争准备。
1812 年	向俄国宣战，9 月进入莫斯科，10 月 19 日撤出莫斯科，12 月 18 日返回巴黎，战争宣布失败。
1813 年	普鲁士、奥地利等纷纷向法国宣战，10 月，莱比锡大会战失败。
1814 年	3 月 31 日，反法联军进入巴黎；4 月 6 日，拿破仑宣布退位；5 月 4 日，抵达厄尔巴岛；11 月，维也纳会议举行。
1815 年	2 月 26 日，逃离厄尔巴岛；3 月 20 日，进入巴黎，开始百日王朝；6 月，滑铁卢会战失败；7 月 7 日，反法联军进入巴黎；10 月 16 日，拿破仑被流放到圣赫勒拿岛。
1821 年	5 月 5 日，在圣赫勒拿岛逝世。
1840 年	12 月 15 日，遗体被运回巴黎安葬。

阶段，头发脱落，牙齿露出了齿龈，脸色灰白，双脚浮肿，心脏剧烈跳动而死去"——这类似于砷中毒的症状。英国文献专家理查德认为，这或许能证明导致拿破仑死亡的真正原因的确是砒霜中毒，但并不是人为的。

有趣的是，近年来，随着科学技术的发展，"中毒"说也日益面临质疑。2002年 10 月，应法国《科学与生活》杂志之邀，法国 3 位权威人士利用同步加速器射线对拿破仑遗留下来的头发进行了细致的分析。这 3 位权威人士分别是巴黎警察局毒物学实验室负责人里科代尔、法国奥赛电磁辐射使用实验室专家舍瓦利耶，以及巴黎原子能委员会专家梅耶尔。《科学与生活》杂志将拿破仑遗留下的一些头发交给了 3 位专家，希望他们能据此为拿破仑之死下个结论。据介绍，这些头发共有 19 绺，有的是在拿破仑死后从其尸体上取下来的，也有的是在拿破仑在世时保留下来的。三位专家对每绺头发都进行了上百次的测量，结果显示：无论是在 1821 年拿破仑死后取下的头发里，还是在 1805 年和 1814 年拿破仑在世时保留下来的头发里，砒霜的含量都超出正常值许多倍，这一结论本来正是拿破仑被下毒致死的铁证。然而科学家们认为，关键的问题在于这些头发的取留时间相距 16 年。疑问也随之产生了，首先是不可能有人连续投毒 16 年，而且如此大量的砒霜足以使拿破仑在被流放前就至少被毒死三次了。其次是在长达 16 年的时间里，这些头发中的砒霜含量几乎一致，并均匀分布在整根头发上。这就表明头发上的砒霜不是拿破仑摄食到体内的，而是来自外部环境。专家们由此断定，拿破仑不可能是死于砒霜中毒。对此，专家们做出的推测是，头发中的砒霜可能来自以木材取暖、放置老鼠药、摆弄含砒霜的子弹等，而最可能的是来自某种护发剂，因为在 19 世纪时，法国非常流行用砒霜保护头发。

在此之前，曾提出"胃癌"说的瑞士研究小组也表示，拿破仑头发中所含的超过正常人数倍的砷，很可能与他嗜酒的习惯有关。因为当时的葡萄酒制造者通常用砷来干燥盛酒的盆和桶，而拿破仑是极其喜欢享用葡萄酒的。甚至还有一种解释认为，处处对人设防的拿破仑为了防止有人毒害自己，故意服食砒霜以增加抵抗力。

庸医制造的医疗事故

2004 年，美国旧金山法医检验部的法医病理学家史蒂文·卡奇公布了自己的新观点——拿破仑死于一名庸医导致的灌肠医疗事故，从而使有关拿破仑之死的谜团又增加了新的说法。卡奇认为，拿破仑生前曾出现胃部不适及肠痉挛等症状，而他的医生天天用灌肠的方法缓解症状，结果导致拿破仑体内水电解质平衡紊乱，最终引起心律失常而死。

卡奇指出，对拿破仑之死应负直接责任的是他的那些好心办坏事的医生，因为他们对拿破仑的病痛采取了不适当的医疗措施。拿破仑生前由于常年肠胃绞痛，为了缓解症状并且减轻痛苦，医生们时常给他使用灌肠。卡奇认为，"那些医生时常使用又大又脏的类似注射器之类的东西"给拿破仑灌肠，并定期把通常用来引发呕吐的石酸氧锑钾注入拿破仑口中，使他因此而经常呕吐。结果却是体液中的钙离子大量丢失，出现水电解质平衡紊乱，同时体重也急剧下降，变得瘦骨嶙峋。随后，医生们又给拿破仑使用了 600 毫克大剂量的氯酸汞导泻剂（一种灌肠剂），使其本已偏低的体内钙离子水平再次"一落千丈"。而身体已经极度虚弱的拿破仑在经过这般摆布之后，体内严重缺钾，其直接后果就是引发扭转型室性心动过速症状，即由于心跳不规律，输往大脑的血液突然中断，最终导致病人死亡。据史料记载，正是在这种野蛮治疗之下，叱咤一时的法兰西第一帝国皇帝仅仅两天就一命呜呼了。

另外，卡奇还指出，拿破仑体内的砷可能来自于吸烟或其他外部环境因素，但这无疑使他变得更容易患上扭转型室性心动过速症这种心脏疾病。

尽管卡奇的新理论讲得有板有眼，但这一说法还是遭到了一些人士的强烈反对。美国康涅狄格州著名医生菲尔·科尔索便认为这一推理有些牵强。他坚持认为，拿破仑遭受肠胃病痛折磨已经持续了相当长时间，从症状上来看很可能是胃癌。因此，无论医生采用了何种治疗措施，最终都无法使他逃脱死于癌症的厄运。

除了以上几种主要的观点以外，有关拿破仑的死亡原因还有一些影响不大的说法。比如有的人认为他是在桃色事件中被情敌所谋害；有的人认为他早在远征埃及和利比亚之

拿破仑的大理石灵柩，被安置在巴黎荣军院圆顶大厦的地下墓室内。英雄在此安息，等待其死亡真相水落石出的一天。

时，就曾经染上过一种热带疾病，后来虽然经过治疗而痊愈，然而在流放期间恶劣的生活环境导致了他旧病复发，最终夺走了他的生命；还有一些人认为他是死于曾一度在圣赫勒拿岛上猖獗流行的肝病等等。

毫无疑问，伟大人物的死，总是会受到世人的关注。拿破仑的死因，之所以长期成为人们所关注的焦点，一方面是因为他生前的确创造了太过辉煌的业绩，成为无数人所仰慕的对象；另一方面也因为他又是在一种具有悲剧色彩的形势下去世的，而且死时年龄也不算老。所以，一代又一代的历史学家和科学家对这一事件进行研究，试图得出石破天惊的结论，也就在情理之中了。但事情的真相究竟如何，看来需要人们继续研究探索。

推荐阅读　① （法）布里昂著，郁飞译：《拿破仑传》，天津人民出版社，1996版。
② 苏琳娜编著：《拿破仑》，内蒙古人民出版社，2005版。
③ 冯广裕著：《拿破仑》，中国少年儿童出版社，2003版。

美国第 16 任总统亚伯拉罕·林肯像

8

解放者的悲剧：

林肯被刺之谜

在美国内华达州的一座山上，雕刻着美国历史上4位最伟大总统的巨大头像，他们中有美国之父华盛顿、《人权宣言》的起草者杰弗逊、美国鼎盛时期的奠基者西奥多·罗斯福，还有一位就是黑奴的解放者林肯。亚伯拉罕·林肯，这位具有传奇经历的总统，以其巨大的勇气和魄力，领导了一场旨在废除奴隶制的斗争。他的胜利使无数的黑奴获得了解放，开辟了美国乃至人类历史的新纪元，也使他成为美国历史上最伟大的总统之一。然而，就是这样一位伟人，却在1865年4月14日，被一颗罪恶的子弹击中，永远地倒下了。当载着他遗体的列车从华盛顿开向他的家乡斯普林菲尔德时，千百万人默默地站在铁路边目送列车远去。同时，关于他的被刺，也成了美国历史上众多的政治悬案之一。

美国历史上最伟大的总统之一

　　亚伯拉罕·林肯(1809～1865年)，美国第16任总统。与其他大多数美国总统相比，林肯的一生可以说是充满了艰辛和坎坷。林肯的出身比较贫寒，正如他曾经感慨的，他的童年简直就是"一部贫穷的简明编年史"。1809年2月12日，林肯出生在肯塔基州哈丁县的一个伐木工人家里。从幼年起，他就开始帮助父母劈柴、提水、做农活等。更不幸的是，当他9岁时候，母亲因病去世了，这对少年林肯而言无疑是非常残酷的打击。不过，命运似乎又在补偿这位未来的总统，因为他遇到了一位非常善良、贤德的继母。尽管条件有限，继母仍常常教林肯识字学习，但林肯正式读书时已经15岁了。长大后，林肯离开父母，开始独立谋生，迫于生计，他先后做过店员、村邮务员、测量员等工作。1833年，林肯与朋友合开了一个杂货店，由于经营不善，被迫倒闭，使他用了10年的时间才还清了杂货店的债务。一年后，他的恋人安妮又因病去世，使他悲痛万分。然而，自强不息的林肯一直坚持勤奋自学，于1835年成为一名律师。1842年11月4日，林肯与一名富商的女儿玛丽·托德拉结婚，不过由于妻子脾气暴躁，他的婚后生活并不幸福。

　　1830年，林肯一家迁居到伊利诺伊州，而林肯也就在这里开始了他的政治生涯。1832年，林肯初次参加伊利诺伊州议会竞选议员，结果失败了。此后，针对当时美国社会存在的一些问题，林肯常常通过政治演说表达民众的心声，他所提出的一些有利于公众事业的建议，也得到广泛的响应。1834年，林肯加入了辉格党，并终于在1834年当选为伊利诺伊州的议员，从而正式开始其政治生涯。不久，林肯又当

林肯在为为"新自由"而死的人们发表悼词，他自己后来也是为这一信念献出生命的一员。

林肯就任总统时的盛大典礼

选为州议会辉格党领袖。1846 年，他进一步当选为国会众议员。

当时的美国社会，正面临着一个十分严峻的社会问题，这就是南方诸州所实行的奴隶制不但日益引起奴隶的反抗，而且越来越影响到整个美国的国家利益。由于历史所造成的原因，当时美国南方诸州的奴隶制非常猖獗。一方面，在奴隶主的残酷压榨和迫害下，广大黑奴过着暗无天日的生活，遭到了世界各国所有具有正义感的人士的谴责；另一方面，由于美国的版图日益扩大，而南方的奴隶主们竟妄图把这种野蛮的制度扩张到新加入联邦的西部各州，这就与北方的工业资本主义产生了矛盾。于是，在废奴主义者们的发起下，一场轰轰烈烈的解放黑奴的运动开始了。而奴隶制度的废除，就成为当时美国社会最敏感的政治问题，北方与南方各州之间形成了水火不容之势。

1854 年，主张废除和限制奴隶制的北方各州人士成立了共和党，而林肯很快就成为这个新党的领导者。不久，南部奴隶主竟派遣一批暴徒拥入堪萨斯州，试图用武力强制推行奴隶制度，从而引起了堪萨斯内战。这一事件使林肯意识到斗争的尖锐性，于是他明确宣布了"为争取自由和废除奴隶制而斗争"的政治主张。1856

获得自由的奴隶向林肯表示虔诚的感激

年，林肯作为共和党副总统候选人竞选失败。1858 年，林肯发表了著名的废奴主义宣言，要求限制黑人奴隶制的发展，实现祖国统一，他说："一个分崩离析的国家是维持不久的，我坚信，我们这个政府不会永远容忍这种半奴隶制、半自由制的状况。我不希望联邦制解体，更不希望我们这个国家崩溃。我相信奴隶制终究要归于灭亡的，不分地域，南北奴隶们都会获得自由的。"这一宣言立即震动了美国，因为它不仅表达了北方资产阶级的愿望，同时也反映了全国人民的意愿，因而为林肯赢得了巨大声望。

1860 年 3 月，众望所归的林肯作为共和党候选人，以高票当选为美国第 16 届总统，但他马上就不得不面对前所未有的严峻的国内外形势。由于与林肯的政治主张有不可调和的矛盾，南方诸州决定起来反抗，甚至不惜以分裂美国作为代价。在林肯当选后的 3 个月中，先后就有 11 个州宣布退出联邦，他们组建"南部联盟"，另外组成美国政府，还推举出总统和副总统，并制定了新宪法，开始公开叛乱。内战一触即发，北方政权岌岌可危。1861 年 4 月

林肯在葛底斯堡发表著名的演说

《解放黑人奴隶宣言》发表后，华盛顿上下一片欢腾。

12 日，南方联盟开始向联邦军队发起攻击，内战正式爆发，这就是美国历史上著名的南北战争。在战争初期，由于各种复杂的因素，联邦军队一再失利，而黑奴问题也没有根本解决。为了获得包括黑奴在内的广大民众的支持，在关键时刻，1862 年 9 月 22 日，林肯宣布了亲自起草的具有伟大历史意义的文献——《解放黑人奴隶宣言》草案（即后来的《解放宣言》），宣布废除奴隶制，解放黑奴。从此，由于极大地调动了广大民众的热情，北方联邦军队获得了最广泛的支持，战争形势才开始发生了明显的变化，北部军队很快地由防御转入了进攻，终于在 1864 年获得了彻底的胜利。而《解放宣言》，也由此成为"联邦成立以来美国历史上最重要的文件"。

美国内战终以北方的胜利而告终，也使得美国继续向着民主、自由、平等的道路前进。因而，林肯被美国人视为历史上最伟大的总统之一，足以与华盛顿、杰弗逊、罗斯福等并列。

由于林肯的卓越功绩，1864 年 11 月 8 日，他再次当选为美国总统，开始了他的第二个任期。随后，他着手进行战后重建工作，然而，还没等林肯把他的战后政策付诸实施，悲剧发生了。1865 年 4 月 14 日晚 10 时 15 分，当林肯在华盛顿福特剧院看戏时，突然被一名凶手开枪刺杀，该凶手据说是一个同情南方的精神错乱的演员。1865 年 4 月 15 日清晨，林肯与世长辞，时年 56 岁，任总统 4 年又 42 天。林肯去世后，他的遗体在 14 个城市供群众凭吊了两个多星期，后被安葬在普林斯菲尔德。他本来希望总统任期结束后，能回到家乡去开一个律师事务所，但他的愿望最终没能实现。

但是，历史不会忘记这位伟大的总统、伟大的解放者，也不会忘记他在《解放宣言》中所宣布的："我，亚伯拉罕·林肯，合众国总统，今依宪法授予的权力……宣布，在上述各州及区域，所有被视作奴隶的人立获自由并于以后永保自由；合众国政府包括陆海军当局将承认和维护他们的自由。我同时在此嘱咐上述获得自由的人们，除非为了必要的自卫，应当避免使用任何暴力；并劝告他们在任何可能情况下，为了合理的工资而忠诚地从事工作。我特此宣告并希周知，凡条件适合者被吸收为合众国的武装部队，参与守卫堡垒、据点、兵站和其他地点，并于上述部队各类船舰上服役。我们大家确信这是一个正义的行动，它出于军事必要并为宪法所认可，我请求人类对之详加审鉴，上帝为之赐福。"

革命导师马克思曾高度地评价林肯说，他是一个"不会被困难所吓倒，不会为成功所迷惑的人，他不屈不挠地迈向自己的伟大目标，而从不轻举妄动，他稳步向前，而从不倒退……总之，他是一位达到了伟大境界而仍然保持自己优良品质的罕有的人物"。

福特剧院的枪声

随着美国内战的结束，林肯所领导的解放黑奴的伟大事业也迅速在全国开展起来。然而，就当千千万万的黑奴获得解放的同时，一场针对林肯的阴谋却在悄悄地进行着。

1865 年 4 月 14 日，似乎注定是一个悲哀的日子。这天，林肯为自己预定的日程表是这样安排的：8 点以前办公，然后进早餐，在 10 点内阁开会前接见来访者；午餐，再接见客人；傍晚偕同夫人乘马车兜风，同伊利诺伊州的旧友非正式会晤；去陆军部 2 次；再次会客，

为悼念林肯而特别布置的福特剧院包厢

然后和夫人及几名随从去福特剧院观看演出。

上午10点钟，内阁会议准时召开，前来参加会议的有陆军部长、代理国务卿弗雷德里克·西华德，以及从前线返回华盛顿的格兰特将军等一些重要人物。不过由于意见分歧，会议非常短暂，最终决定在4月18日再开一次会议，讨论关于如何医治国家的战争创伤等问题。午餐时，还发生了一个小插曲。一位名叫南希的黑人妇女来到白宫大门口，要求面见总统。可是，卫兵拦住她，告诉她总统正在用午餐，现在不能接见她。不料，南希一下子叫了起来："看在上帝的面上，让我去见林肯先生吧；我是忍受饥饿步行了5英里才走到这个鬼地方的！"她的叫喊引起一阵小小的骚动。就在这时候，林肯开门走了出来，他温和地说："让这位善良的妇女进来吧，我有时间同所有需要我帮助的人交谈。"原来，南希和她的丈夫托姆原是里士满附近一个种植园的奴隶，直到《解放宣言》发表后他们才来到华盛顿。目前，托姆参加波托马克军团去了，家里留下一对双胞胎男孩和一个女婴，起先托姆的军饷还按月送来，可现在却不知在哪儿才能领到托姆的军饷。她的孩子们嗷嗷待哺，

（上）林肯被刺
（左）林肯的门票

她想问总统能否帮她领到托姆的军饷。总统听她讲完后对她说："你有权得到你丈夫的军饷。明天这个时候再来吧，我会把签好的条子交给你的。"当深受感动的南希转身要走时，总统又叫住她并语重心长地说："我善良的妇人，也许你以后还会遇到更加艰难的日子，甚至家里全部食物只有一块面包；即使这样，也要分给每个孩子一片，并把他们送去上学。"说完，还对她深深地鞠了一躬。

到下午，林肯按计划和夫人乘坐马车兜风，他们一路谈笑风生。林肯还对夫人表示，希望第二次任职期满后，能出国旅游一次，然后回到故乡，或是重操律师旧业，或是经营一个农场。总之，这一天林肯的心情似乎也不错，唯一美中不足的就是妻子上午的表现让他大失颜面。原来，上午的内阁会议结束之后，格兰特将军曾和林肯讨论晚上的社交活动安排。本来外出的建议是林肯夫人提出来的，她想和丈夫一起放松放松心情。但是玛丽一看到格兰特的妻子朱莉娅·格兰特也要一同去的时候，立即打翻了醋坛子。因为玛丽容不得任何一个别的女人接近她的丈夫，而且她还担心声名鹊起的格兰特的锋芒会盖过林肯。结果玛丽竟然用粗鲁的言行来对待格兰特夫人，恼怒的格兰特夫妇遂拒绝了总统的邀请，借口说要去新泽西州看望家人。

当天晚上，林肯偕同夫人如约前往罗德岛大街的福特剧院看戏，随同的有志愿兵少校亨利·里德·拉恩伯恩和他的未婚妻丽娜·吉米·卡特，负责总统林肯警卫的是约翰·帕克，他的任务就是寸步不离地守护总统，严密监视任何可能伤害总统的行为，因为当时不断有关于刺杀总统的传言。晚上9时10分，总统一行进入剧院，由引座员莉丽莎·加里福斯带着进了包厢房。在场的1000多名观众听说总统林肯到来，便一起鼓掌欢迎，许多人都站了起来欢呼，林肯也礼貌地走出包厢向欢迎他的观众挥手致意。接下来就是看戏，演出的是英国戏剧作家托姆·泰勒的作品《我们美国的表兄弟》。当时的情形是：林肯在包厢内坐在扶手摇椅上，他只能看到包厢里同他坐在一起的几个人，以及舞台的演员演出；包厢内有两道门，前门是开着的，便于看戏，后门是锁着的，有利于保卫工作。然而，谁也没有留意到，在林肯侧面的后门上竟然有一个约10厘米的小洞，显然是有人故意凿穿的，而其目的便是能在包厢外面往里看窥探到林肯所坐的位置，然后选择时机溜进包厢采取行动。

渐渐地，戏剧的演出达到了高潮，人们的注意力都被吸引到了舞台上。就在这时，最令人震惊的事情发生了。有一名男演员，从容地走进了总统的包厢，然后突然掏出一把手枪瞄准林肯的左耳和背脊之间，随即扣动了扳机，只见总统猝然倒下。由于现场非常吵闹，观众中只有很少人听见枪声。最先反应过来的是坐在林肯旁边的夫人和几个陪同看戏的人，他们纷纷尖叫起来。接下来包厢里一片混乱，而那位刺客则立即从包厢里跳到舞台上，转身向观众喊了句"一切暴君都是这个下场"后，转身就向外逃跑了。

据当时人回忆，全场观众都被眼前所发生的一幕惊呆了，以至于尽管凶手在仓皇逃跑时将自己的脚扭了竟没有一个人反应过来去追拿凶手。结果，短短的几分钟后，凶手就骑马成功脱逃了。当人们将总统送往医院时，一切都为时已晚了。尽管林肯总统被击中后并没有立即身亡，尽管他的夫人紧紧地握住他的手，再三地告诉他："活下去！你必须活下去！"但是几个小时后，当时钟指向 1865 年 4 月 15 日凌晨 7 时 22 分 10 秒时，这位将自己的一生都献给了黑奴解放事业的伟大总统——亚伯拉罕·林肯，终于永远地停止了心跳。巧合的是，这一天正好是耶稣殉难日。

是什么人策划了阴谋

回头说那罪恶的凶手。事后，经过有关方面的调查，人们得知，他的名字叫约翰·威尔克斯·蒲斯。据说，蒲斯本出身于美国戏剧界名门之后，是一位著名演员的儿子，他哥哥也是一位著名演员。但是，26 岁的蒲斯却是一位平庸的演员。不过，这名演员还有不为人知的一面，那就是：渴望出名，同时在政治上是一个坚定的南部联邦的极力支持者，对林肯所领导的事业极度仇视。还在内战进行期间，蒲斯就纠合了一群人暗中活动，包括他的死党米切尔·奥劳夫林和萨姆·阿诺德，马里兰州一个制造马车的乔治·阿茨罗德，药店员工大卫·赫罗尔德，前南部联邦士兵路易斯·鲍威尔，以及曾为叛军提供过情报的约翰·萨拉特等人。他们试图通过一些极端手段包括绑架暗杀等来破坏联邦政府的事业，为此他们曾经在华盛顿的一所公寓密谋了绑架林肯以交换南部被俘战士的计划，但这些计划都先后流产了。

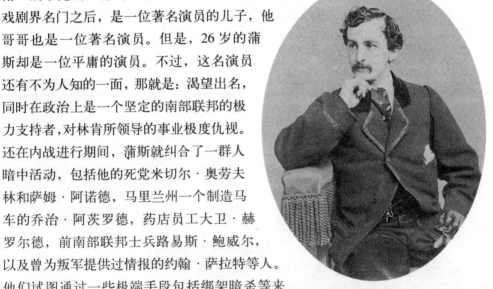

暗杀林肯总统的演员约翰·威尔克斯·蒲斯

但是，始终贼心不死的蒲斯等人一直在寻觅新的机会。4 月 14 日那天，他们获得一个重大新闻，因为海报上说，林肯和格兰特等将前来观看演出。于是，蒲

政府悬赏 10 万美元捉拿凶手

斯立即召集死党实施他们的最后计划，他们决定兵分三路：由阿茨罗德去刺杀副总统约翰逊，由佩因和赫罗尔德去刺杀国务卿西华德，而蒲斯本人则亲自去刺杀总统林肯。不过他们的行动并没有达到预期目的。根据有关资料的描述，首先，临阵退缩的阿茨罗德根本就没有去刺杀副总统约翰逊。至于佩因和赫罗尔德二人，倒似乎进行得不错。他们摸到了西华德家外面，由赫罗尔德守在马车上接应，佩因直接进了西华德家，他拿着一包药，这也是早就策划好的。西华德的儿子告诉佩因，他的父亲正在睡觉，现在还不能吃药。但是佩因坚持要送药进去，小西华德感到此人不可理喻，命令他立即滚蛋。由于害怕被看穿阴谋，佩因立即掏出了手枪，对准小西华德的头部就是一下，可惜不知什么原因，手枪居然没响。佩因赶紧握紧枪，用枪托猛砸小西华德的头，可怜的小西华德头骨被打裂了。扫除了门外的障碍，佩因从包裹里抽出一把大刀冲进了西华德黑暗的卧室，这时他才发现卧室里除了西华德还有西华德的女儿和一个男护士。男护士见势不妙，立即跳将起来冲向佩因，佩因抢起大刀就把他的前额砍破了，而西华德的女儿在惊吓之余也被佩因打晕了过去。随后，佩因冲到西华德的床边，一刀一刀地猛刺国务卿。这时，西华德的另一个儿子听到声响也冲了进来，不料被手持凶器的佩因在前额划了一刀，并且砍伤了手。佩因感到此地不宜久留，于是迅速离开卧室，跳下楼梯，在楼梯上他又撞见了一个倒霉的国务院信使，佩因一不做，二不休，把这信使又砍伤了。直到逃到大

为林肯举行葬礼的火车

解放宣言

1863 年 1 月 1 日，林肯总统颁布的一项旨在使南部叛乱州的黑人奴隶成为自由民的法令。该法令正式宣布：仍在反叛联邦的各州及若干区域内，"所有被据为奴隶的人们立即获得自由，并且以后将永保自由，合众国政府和陆海军当局并将承认和维护他们的自由"；"获得自由的人们，除必要的自卫外，应避免使用任何暴力"，并在可能的情况下"忠诚地工作"；合乎条件的人"将被容纳于联邦的武装部队"，为联邦服务。1865 和 1868 年，美国会分别通过了宪法第 13、14 条修正案，正式宣布废除奴隶制。《解放宣言》是美国联邦成立以来历史上最重要的文件之一。根据宣言，有 400 万黑奴获得了自由。

门前，狂奔的佩因不停地尖叫："我疯了！我疯了！"更令人不可思议的是，所有遭到佩因袭击的人最后都康复了，西华德在继林肯之后的约翰逊总统的任期里还继续做他的国务卿。

再说元凶蒲斯，他在剧场内径直走向总统所在的位置，右手握着一把八盎司重的单发大口径袖珍手枪，左手持着一把匕首，然后从容不迫地开后门进入包厢，最后冷酷地把一颗直径不到半英寸的铅弹头射进总统的后脑。当枪声响时，最先反应过来的拉思伯恩少校一跃而起，扑向刺客，却被他手中的匕首刺伤。不过凶手在纵身往下跳时，被装饰包厢的联邦锦旗缠住了马靴上的马刺导致失去了平衡，一下从 10 英尺的高处跌落到舞台上，折断了胫骨。但凶手仍以惊人的速度冲过舞台，跑出了剧场大门。后来人们计算了一下，凶手从射出子弹到跑出大门，总共才不过六七十秒的光景。不过，警察总算得以沿着血迹去追踪。4 月 26 日上午，负责缉拿凶手的联邦侦探和纽约第 16 骑兵队终于在弗吉尼亚州的加勒特农场将凶手包围并将其击毙。

尽管看起来林肯遇刺案就是如此的简单：一个支持南方奴隶主的凶徒将仇恨发泄在总统身上。然而事实似乎并非如此，多年来人们始终对此存有许多疑问。

首先最大的疑点就是关于总统包厢上的那个大洞。当时，林肯的包厢有前后两道门，而且都上了一把大锁。林肯总统坐在扶手摇椅上，除了能看清舞台上的演员外，再能看到的就是和他一同坐在包厢里的夫人和几个站立他周围的护卫。这一切看起来再安全不过了。然而，谁也没有料到包厢的后门早已被人做了手脚。门上的那个窥视孔显然是刚钻不久的，而且那把形同虚设的大锁也早被人弄断了锁簧，而这道门离总统还不足 5 英尺，这也正好使得凶手能够轻而易举地进入总统的包厢行刺。那么，人们不禁要问：为什么锁坏了没有人报告？

第二个疑问是：护卫林肯的警察当时都干什么去了？本来为确保总统的安全，除了随从总统的 4 名白宫卫士之外，陆军部还特意派来一名颇受信任的武官布莱恩携其未婚妻同往。另外据说，忽然有不祥预感的林肯为了自身的安全考虑，曾亲自

蒲斯的同谋被执行绞刑

要求作战部长斯特顿派一个名为埃克特的陆军上校来做自己的保卫，但斯特顿通知总统，埃克特早已在当晚安排了任务，后来只得委派布莱恩作为总统当晚身边的警卫官。而按照事先安排，警察约翰·派克本来应该是守在大厅通往包厢的必经之路上的，但是他对看戏毫无兴趣，竟趁演出换幕的间隙，躲到另一个房间去喝酒去了，使得凶手能溜进包厢。这一切，难道都是巧合吗？

　　第三，一直有很多人怀疑，刺杀林肯一定是一起政治阴谋。尽管公开的说法是，凶手之所以要刺杀林肯，一方面是为南方奴隶主报仇，同时也想使自己出名。但这只是官方的调查结果，很多人并不相信这种说法，他们认为刺杀总统一案一定有不可告人的内情。正如人们所知，林肯在去剧院之前曾有过不祥的预感，所以对作战部长点名要求要埃克特陆军上校担任自己的警卫，作战部长则借口说埃克特上校当晚要执行别的任务而改派他人。而据事后的调查得知，事实上埃克特当晚根本就没有执行什么任务，他在家里待了一晚上，那么作战部长为什么要说谎？至于派去顶替埃克特的布莱恩，一向行为不轨，认识他的人对他都没什么好印象。至于对凶手的追捕，抓活口也不是不可能的，可最终却把唯一的直接参与者击毙了，是谁开枪打死他的呢？又是谁下命令要把凶手杀死的呢？更令人奇怪的是，在后来的凶手缉拿报告中，人们惊奇地发现上面居然写着：凶手系自杀身亡。人们对这些问题都希望能有所了解，只可惜直接犯罪嫌疑人已被击毙，看来这又将是一桩永久的悬案了。

许多资料披露，林肯在遇刺前似乎已有某种预感，如果这是真的，是否意味着他已觉察到了什么针对他的阴谋？其实在林肯当总统时，各种暗杀总统的计划就满天飞了。据说就在被暗杀的那天早上，林肯同一直不和的副总统安德鲁·约翰逊突然摒弃前嫌，似乎他知道自己大限已尽。林肯在任时，由于经常发生恐吓事件，周围的人非常担心他的安全问题，他们经常提醒林肯要小心。面对这一切，林肯虽然他表现得满不在乎，但似乎也早有心理准备。就在他遇刺的当天傍晚，当林肯在陆军部谈完公事后，突然对随从而来的克鲁克说："克鲁克，我相信有人想要杀害我，你知道吗？"这令所有在场的人都大吃一惊。因为在平时别人常常告诫他要注意自己的安全时，他总是一笑置之，而这次却相当严肃，而且据说他还曾自言自语地说："我毫不怀疑，他们会这样干的。"

因此，尽管当时联邦军事法庭判定凶手与其他 8 名同伙共同策划了这次暗杀，并将其中 4 名判处绞刑，另 4 名被判罚苦役。但社会各界对此产生了大量的推测，究竟谁是这次暗杀行动的幕后策划者？有一些人认为，当时的副总统约翰逊可能由于某种原因介入了此事。有的历史学家认为，幕后策划人是当时陆军部情报机构的负责人拉斐特·贝克，因为他在组织和领导那次追击中打死了蒲斯。而大多数人则推测，由于对林肯的重建政策不满，陆军部长斯坦顿为了共和党激进派的利益而策划了这次暗杀。甚至有一些作家认为，在弗吉尼亚被击毙的并不是蒲斯，而是一位与他长得十分相像的人作了替罪羊。不过由于上述说法均缺乏有力的证据，也只能是一种假设而已。

最令人遗憾的是，目前解答这一疑问的希望似乎已很渺茫了，因为在 1926 年时，林肯的儿子罗伯特·托德·林肯也离开了人世。在他去世之前，竟把父亲的一些私人文件付之一炬。当朋友表示困惑时，他说，他要把那些文件毁掉的原因是这些文件里有内阁成员犯有叛国罪的证据。如果他说的是真的，则进一步证实了刺杀林肯是一场政治阴谋的猜测。

推荐阅读　①（美）戴尔·卡耐基著，吴青译：《林肯传》人民文学出版社，2005 版。

②　蒲邻等编著：《平民总统林肯》，北京少年儿童出版社，2004 版。

③　刘文涛著：《伟大的解放者林肯》，中国社会科学出版社，1999 版。

珍珠港被袭击后的场面

9

星条旗上的耻辱：
珍珠港事件内幕

　　1941 年 12 月 7 日，美国在西太平洋的海军基地珍珠港突然遭到日本海军的袭击，在短短的时间里，美国在这里苦心经营几十年的成果化为乌有，太平洋舰队几乎全军覆没。正所谓几家欢喜几家愁，当这一事件发生后，日本人的狂喜、美国人的悲哀、德国人的愤怒、英国人的窃喜，一切都显得那么不可思议。由于美国迅速宣布加入第二次世界大战，当时的局面逐渐发生了根本的改变，而德、意、日法西斯的末日也从此日益临近了。尽管 60 多年过去了，对于这一悲剧性的事件为何能够发生，日本人的阴谋如何会轻易得逞，人们仍有太多的疑问。那么，事件发生的背后，是否真有什么玄机？

美国历史上最悲惨的一天：
日本成功偷袭珍珠港

　　1941 年，第二次世界大战已经进行到第三个年头了。在亚洲，中国人民为抗击日本法西斯的侵略，已展开了 10 年的浴血奋战；在欧洲，德国纳粹的铁蹄正无情地践踏着英国、苏联。当时，几乎所有的目光都集中到了美国身上。拥有世界上最强大经济实力的美国，理应果断地加入到世界反法西斯阵营中来，为世界的和平做出自己应有的贡献。实际上，当时日本已将魔爪伸向了美国在亚太地区的势力范围，极大地损害了美国的利益。1937 年 7 月 7 日，日本发动了全面侵华战争，严重损害了英、美在华的政治、经济利益；1939 年 9 月 2 日，德、意、日签订三国轴心同盟。作为回应，美国随即宣布 1940 年 1 月 26 日到期的《日美通商航海条约》将不再续约；1940 年 5 月，总统罗斯福命令结束年度例行演习的太平洋舰队不返回美国西海岸，而是留驻珍珠港，实施威慑；1941 年 7 月 2 日，日军在印支南部登陆后，美国立即

珍珠港鸟瞰 拍摄于 1941 年 10 月 30 日，从美国海军部队的部署可以清楚地看到，当时在右下角的舰队正在出海，而 1941 年 12 月 7 日的景象甚至更加平静，直至日本人开始了毁灭性的袭击。

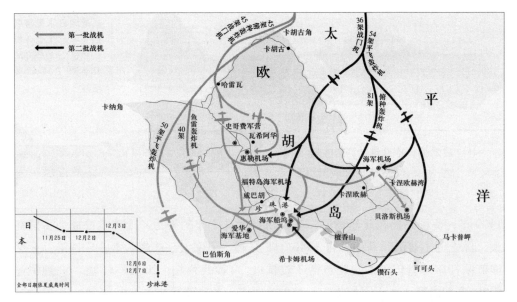

日本偷袭珍珠港路线图

宣布中止美日贸易，冻结日本在美国的所有资产，不久又宣布对日本实施全面石油禁运。这对于资源极为缺乏的日本而言，无疑是致命的。为了获得战争所急需的石油、橡胶、锡、铁、铝、大米等资源，日本决定对美不惜一战。

遗憾的是，美国国内长期盛行的"孤立主义"极大地束缚了白宫的行动。与此同时，已经杀红了眼的日本，却已将侵略的直接目标指向了美国。为此，日本开始积极策划向美国发动突然袭击的军事阴谋，而美国却似乎还被蒙在鼓里。最终，日本将袭击目标指向了美国在太平洋的海军基地——珍珠港。

山本五十六研究偷袭珍珠港的计划

珍珠港建于夏威夷群岛，该群岛位于北太平洋，东距美国西海岸约3800公里，西距日本约6000公里，距菲律宾约7000公里，战略地位十分重要，素有"太平洋心脏"之称。夏威夷群岛的主岛是瓦胡岛，而珍珠港就位于瓦胡岛的核心区域，是一个天然良港，因盛产有珍珠的牡蛎而得名。

二战中日本最著名的"零"式战斗机（下图），战争期间共生产了11280架这种飞机。

日本偷袭珍珠港的两种主要飞机之一——99式舰载俯冲轰炸机

1909年，美国开始在此建设海军基地，经过几十年的努力，珍珠港已成为美国在太平洋上的主要海军基地。自1940年5月起，美国太平洋舰队常驻珍珠港。太平洋舰队在珍珠港停泊的舰艇包括3艘航母、9艘战列舰、20艘巡洋舰、69艘驱逐舰和27艘潜艇。也正因如此，日军如欲南进，首先就要拔去这根刺。

在策划袭击珍珠港的过程中，时任日本联合舰队司令的山本五十六担任了最高指挥。尽管在起初，对美国的经济和军事潜力有着极为深刻的了解的山本曾极力反对向美国开战，但当日本大本营与美开战的战略方针确立后，他便一改初衷，竭尽全力策划组织对美国的作战方针。作为海军航空兵专家的山本，首先提出以突袭手段在开战初期就一举全歼或重创美国太平洋舰队，确立起日本的军事优势，并不断对美国实施主动进攻，使其无法积蓄起足够与日本对抗的力量，从而赢得战争的胜利。

珍珠港内浓烟滚滚

美国政府为在日本偷袭珍珠港中牺牲的官员举行葬礼

1941年1月7日，山本正式向海军大臣提交了突袭珍珠港设想的《战备意见书》。4月10日，该计划草拟完毕并上报大本营。几经周折，在计划直接呈交到天皇那里后，才最终使得大本营于1941年10月19日批准这一计划，此时距珍珠港之战仅有50天的

珍珠港事变时双方兵力部署

日方：包括6艘航空母舰、2艘配备有14英寸口径大炮的快速战列舰、2艘重型巡洋舰、1艘轻型巡洋舰、9艘驱逐舰、潜舰3艘、8艘油船。

美方：太平洋舰队停泊在珍珠港内的舰船计有战列舰8艘、重巡洋舰2艘、轻巡洋舰6艘、驱逐舰29艘、潜艇5艘、辅助舰船30艘，另岸上机场停有飞机262架。

时间了。应该说，山本的计划制订得非常周密。在兵力编成上，既要求具备强大的突击威力，又要避免编队过于庞大而被发现。最终确定为航空母舰6艘、战列舰2艘、重巡洋舰2艘、轻巡洋舰1艘、驱逐舰9艘、潜艇3艘、油船8艘，共计31艘舰船，舰载机423架。为了确保成功，日军还广泛搜集美军情报，先后派遣200多名间谍到珍珠港活动，从各方面打探美军在珍珠港的部署。为了确保偷袭的突然性，日军还采取了一系列无耻的外交欺骗。日本先后任命素有亲美派之称的野村吉三郎、来栖三郎等人为和平特使，赴美谈判。直到开战前一天，这种谈判仍在进行当中，极大地麻痹了美国。

1941年12月7日，当地时间为星期日，日军已悄悄逼近珍珠港，准备发动一场震惊世界的突袭。总指挥山本发出动员令："帝国兴衰在此一举，我军将士务必全力奋战。"7时49分，日军的攻击正式开始。当天，停泊在珍珠港的军舰有8艘战列舰、8艘巡洋舰、29艘驱逐舰和5艘潜艇，加上其他舰艇和辅助舰艇共94艘。在日军飞机突如其来的猛烈轰炸下，美军猝不及防，飞机、大炮等根本来不及投入作战就被炸成了碎片。几分钟后，负责轰炸的日军指挥官就急不可耐地向总部拍发胜利密码：虎！虎！虎！

在持续约两小时的袭击当中，日军共消耗鱼雷40条，各种炸弹556枚，损失飞机32架，1艘大型潜艇和5艘袖珍潜艇，损失133人。美军方面，被炸沉4艘战列舰、1艘巡洋舰、2艘驱逐舰，伤4艘战列舰、4艘巡洋舰、1艘驱逐舰、8艘辅助舰；飞机被毁188架，伤159架；人员死亡2403人，失踪255人，伤1178人。尽管日军偷袭的主要目标美国太平洋舰队的3艘航空母舰及22艘其他军舰不在珍珠港，而且油库、造船厂未遭破坏，但是此次偷袭作战，因其组织周密，行动果敢，代价小而战果大，堪称突袭战例的经典之作。从军事意义上讲，日军偷袭珍珠港，一举消灭了美国的太平洋舰队，取得了在东南亚的制空权和制海权，为日军横扫东南亚奠定了基础。珍珠港事件，也是美国历史上最耻辱的军事失败。

12月7日当晚，美国总统罗斯福召开内阁紧急会议，商讨对策。次日，罗斯福向参众两院发表战争咨文，由于情绪激动，罗斯福总统竟从轮椅上站了起来，坚持站着发表了简短而感人的演讲，要求对日宣战。罗斯福说："昨天，1941年12月7日——一个遗臭万年的日子——美利坚合众国遭到了日本帝国海空军部队突然和蓄谋的攻击"，并愤怒地谴责日本人"通过虚伪的声明和表示希望和平而蓄意对合众国进行了欺骗"，使许多美国士兵丧失了宝贵的生命。因此，罗斯福要求国会宣布："自1941年12月7日星期日——日本进行无缘无故和卑鄙怯懦的进攻时起，合众国和日本帝国已处于战争状态。"在雷鸣般的掌声中，美国会一致通过罗斯福的提案，宣布从此美国正式参战。

难道是罗斯福的"苦肉计"？

威廉·弗里德曼像 ｜ 他领导的"魔术"在日本偷袭珍珠港前便破译了相关情报。

日本紫色密码机 ｜ 在这个日制装置中两台电子打字机通过两个转换装置连接起来，用其中一台打字机打出的明码可以通过另一台打字机用密码输出。

　　珍珠港事件为何能发生，综合实力上落后于美国的日本，竟能从几千公里之外成功地突袭成功，这实在让人难以理解，难道其中另有隐情吗？对于这起美国历史上最惨痛的失败，长期以来，各国历史学家有着不同的说法。其中，有相当一部分研究者提出一个惊人的观点：珍珠港事件之所以发生，其实是美国总统有意设计的"苦肉计"！

　　第二次世界大战结束以后，由于不断有一些当事人将一些内幕公之于众，越来越多的人相信，其实美国早已获知日军的偷袭计划。他们认为，罗斯福之所以设计这一"苦肉计"，也确实出于无奈。因为当时美国国内孤立主义思想非常严重，使得罗斯福总统很多援助英、苏、中等国的计划受到掣制。而作为极富远见的杰出政治家，罗斯福很清楚，如果不及时援助正在艰苦奋战的英、中、苏等反法西斯国家，等到轴心国

准备和谈的日美双方 作为假象，日本大使野村吉三郎（左）及特使来栖三郎（右）笑容满面地随同美国国务卿赫尔（中）前往白宫，而此时日本攻击舰队已驶向珍珠港。

确实控制了欧亚大陆后，美国将无力独自抵抗已经根基牢固的德、意、日轴心国。尽管从历史的选择看，美国早参战比晚参战有利，但国内的孤立主义只图眼前利益，不愿参战。所有这些因素逼迫罗斯福不惜以珍珠港为代价，来唤起民众的正义感，也粉碎孤立主义的幻想。

　　首先，从现有材料看，美国人当时已破译了日本的外交密码和至关重要的海军密码。早在 1941 年初春，美国人在一艘日本油轮上截获了一套完整的日本海军密码本。因此，在珍珠港事件之前，已经掌握了日本海军密码的美国高层决策者，不可能对日本的海军行动一无所知。很多人因此深信，罗斯福事先肯定知道了日本要偷袭珍珠港的情报。据说，有一位叫劳伦斯·萨福德的美国海军情报官，当时就破译了日本海军部海军军令部的密码，他们第一时间探听到日本的联合舰队正向珍珠港方向开进，并将这个情报通过美国海军作战部长斯塔克海军中将，送到了罗斯福那儿，而罗斯福看了这个情报后只说了一句知道了，就再没有下文。1941 年 12 月 6 日，华盛顿方面曾破译了一份由 14 部分组成的电文的 13 部分。在读完了这 13 部分的内容后，罗斯福马上找来了他的首席顾问哈里·霍普金斯说："这就意味着战争。"事实上 1941 年时，美军的密码专家威廉·弗里德曼所领导的机关"魔术"，已能截获并破译出绝大多数日本人用九七式打字机发出的"紫色密码"外交电报。这些电报中就包括许多有关珍珠港的情报，例如：1941 年 9 月 24 日，日本海军通

过外务省致电檀香山总领事馆，要求了解美军太平洋舰队军舰在珍珠港的停泊位置；11月15日，日本外务省要求驻檀香山总领事馆每周至少报告两次珍珠港美军军舰的动向；11月18日，日本驻檀香山总领事馆向外务省汇报了美军军舰进珍珠港后航向变化角度和从港口到达停泊点的时间；11月28日，日本外务省要求檀香山总领事馆销毁密码和密码机；12月2日，日本驻檀香山总领事馆用低级密码继续报告美军的一举一动等等。随后，"魔术"就将最重要的情报由特别信使及时递交给总统、陆军部和海军部的部长、作战部长、情报局长、国务卿等军政首脑，而其他人极少能接触到这些情报。

还有一些说法认为，英国方面也早就破译了日军企图偷袭珍珠港的密电，但英国首相丘吉尔却有意扣留了情报，而其目的就在于迫使美国参战。最有力的证据就是，英国首相丘吉尔在得知珍珠港遭偷袭后的日记里写道：这是一个好消息！

当时，在掌握了日本舰队正在驶近夏威夷的情报后，罗斯福和他的顾问班子面临着3种选择：一是向全世界公布日本特遣舰队已经驶近，这样日本舰队调头退回日本；二是通知太平洋美军，命令他们做好战争准备；第三就是保密，让日本舰队继续驶向珍珠港偷袭。而罗斯福等最终选择了第三种，就是因为一方面他们相信驻防珍珠港的美军太平洋舰队能够抵抗日本人的进攻，而另一方面会刺激那些孤立主义者的神经。于是，华盛顿方面并没有将情报通知太平洋舰队司令金梅尔海军上将和夏威夷基地司令肖特陆军中将。对此，金梅尔将军后来在接受调查时曾指责海军部扣下了珍珠港将可能遭受袭击的有关情报，直接导致了1941年12月7日的灾难。

罗斯福于珍珠港事件翌日宣布对日作战。

罗斯福签署命令向德国、意大利正式宣战。

其次，事件发生之前，美国高层所下达的一系列奇怪的命令让人生疑问。一是在 1941 年初，将太平洋舰队包括 1 艘航空母舰、3 艘战列舰、4 艘巡洋舰、17 艘驱逐舰在内的作战力量调拨给了大西洋舰队。此外，海军部还把舰队中素质最好的指挥官和水兵也成批调往大西洋舰队。为此，金梅尔曾多次向海军作战部长斯塔克陈述加强太平洋舰队实力的重要性。他在 1941 年 9 月 12 日写给斯塔克的信中言语恳切地说："一支强大的太平洋舰队，无疑是对日本的威慑，而弱小的舰队也许会引来日本人。"

但海军部却丝毫不理会金梅尔的呼吁。更奇怪的是，当日本飞机对珍珠港狂轰滥炸时，太平洋舰队的主力——3 艘航空母舰恰巧全部外出，因此逃过劫难。二是事变前美国方面曾向珍珠港紧急调集医务人员和药品。1995 年 9 月 5 日，当时的美国总统克林顿曾收到一位名叫海伦·哈曼女士的来信。信中称，曾在二战中任美军后勤部副主管的父亲向她讲述过一些关于珍珠港事件的惊人内幕：珍珠港事件爆发前不久，罗斯福总统紧急召开了一个由极少数军官参加的秘密会议。总统在会议上透露了一个惊人的消息：美国高层已经预见到日本海军将要偷袭珍珠港，可能造成大量人员伤亡和财产损失。他命令与会者尽快准备将一批医务人员和急救物资集结到美国西海岸的一个港口，随时待命启运。罗斯福总统特别强调禁止将会议内容向外透露，包括珍珠港的军事指挥官和红十字会的官员。面对与会官员的惊讶与不解，罗斯福解释说，只有当美国本土遭到攻击时，犹豫不决的美国民众才会同意他宣布投入战争。为了查证该女士的说法是否属实，美国红十字会夏威夷分会的工作人员对该会 1941 年至 1942 年财政年度报告的影印件和有关国家档案进行了查阅，结果也意外发现，美国红十字会和美军后勤医疗部队在珍珠港事件前一两个月确实曾进行过非常规的人员和储备物资紧急调动。这批额外补给，在偷袭珍珠港事件后的急救工作中发挥了重要作用。有关人员还从夏威夷红十字分会会长阿尔弗雷德·卡瑟尔的弟弟威廉·卡瑟尔的日记中发现，12 月 6 日，夏威夷分会的全体人员奉命战备值班。这封信在当时引起了很大轰动，但由于哈曼不是当事人，而她父亲史密斯也已于 1990 年去世，所以人们对这一材料还有所怀疑。

另外，一些相关当事人的回忆，似乎也在向人们昭示这事情的真相。约翰·莱尼夫，一位荷兰退役海军上将，在其临终前曾向人们透露了他所知道的珍珠港事件内幕。1941 年 12 月 2 日，时任荷兰流亡政府派驻华盛顿上尉武官的莱尼夫去找美国海军情报局的朋友聊天，闲谈中，一位美国海军情报军官指着墙上的一幅地图对他说："这里是日本特遣舰队正在东进的地方。"这使他大吃一惊。6 日下午，莱尼夫再次来到海军情报局打听情况时，一名军官将手指指向墙上宽大的海图上，告诉他日本人正在离檀香山约 400 英里的地方。第二天，战争就爆发了。

人们还得知，就在珍珠港事件发生的前一天晚上，面对迫在眉睫的战争阴云，美国海军部长诺克斯、海军作战部长斯塔克、陆军部长史汀生、陆军参谋长马歇尔和商务部长霍普金斯以及总统罗斯福等人，竟少见地聚在白宫，一同消磨时光！以上种种疑点，再结合当时罗斯福等人的表现，使所谓"苦肉计"的猜测变得更加可能。因为在珍珠港惨败的消息传到华盛顿后，罗斯福立即召集阁僚开会讨论，而多年后人们在整理当年的纪录影片时竟发现：当陆军部部长史汀生走进白宫时，嘴角竟流露出一丝得意的微笑。

除了美国的一些研究者坚持这样一种观点之外，尤其是战争的发动者日本人，似乎也更倾向于相信这一说法。为了推卸战争责任，很多日本人坚信是美国人为了参加二战，故意引诱日本人发动珍珠港事件的，《大东亚战争全史》的作者服部卓四郎和《偷袭珍珠港前的 365 天》的作者实松让就是其中的典型代表。

有关"雪计划"的说法

关于罗斯福"苦肉计"的猜测还没有定论时，不久前，美国一份名为《洞察》的杂志，又提出了让人更为震惊的说法：珍珠港事件是苏联人一手"制造"的！那么，美日之间的战争，怎么又和苏联扯上了关系呢？该杂志认为，由于当时苏联担心日本从东线发动进攻，使自己陷入东西两线作战的困境，于是启用早已安插好的庞大间谍网（据说苏联在美国政府内至少安插了 329 名间谍），操纵美国和日本提前开战，珍珠港事件因此爆发。为了进一步证实上述结论，该杂志首次披露了众多秘密。

就在几年前，美国著名的苏联情报专家赫伯特·罗梅斯汀推出了他的新著《维诺纳的秘密》，这本书是罗梅斯汀与美国国会前调查员、资深记者埃里克·布伦迪

破坏严重的斯大林格勒 日本偷袭珍珠港使斯大林得以调动部署在远东地区的 40 个师到斯大林格勒与德军决战。

尔合著的。该书向人们宣示了一大秘密：为了掌握日本的军事动向，苏联在日本培植了一个庞大的间谍网，确保苏联不受到日本的进攻；相反，日本主动向美国发动进攻，那是苏联求之不得的事。为了实现自己的计划，苏联在美国政府内部安插了一名高级特工，正是这名特工为日本空袭珍珠港做好了铺垫工作，这名特工就是指导美国"新政"的经济学家、罗斯福总统最信任的经济顾问之一：亨利·迪克斯特·怀特。最新的证据表明，身为苏联间谍的怀特曾从苏联高层那里得到指令，负责向罗斯福提出大量针对日本的政策性建议，从而成为美国与日本开战的关键因素。

直到 1946 年，美国情报部门才开始察觉怀特的间谍身份。当时的联邦调查局局长胡佛便向总统杜鲁门写信，认为怀特是一名不可小视的苏联间谍。1948 年，美国众院也曾就怀特是不是间谍的问题举行过听证会，但不久怀特就去世了，事情也就不了了之。又过了几十年，直到 20 世纪 90 年代中期，美国解密了一批文件，其中包括截获的苏联政府的大量秘密电文，结果人们惊讶地发现，怀特的名字就多次出现在这些秘密电文中，这才使怀特的间谍身份最终被确认。经过对解密文件的研究，学者们终于发现，有足够的证据证明怀特一直在与苏联情报部门合作，而苏联同意为怀特上私立学校的女儿支付学费，并给他一家送过贵重礼物。

不久，又一位美国前情报官向外界透露：怀特敦促美国政府对日本采取强硬政策，实际上是苏联一份秘密计划"雪计划"的重要组成部分。由于当时日本正向西太平洋诸国发动进攻，因此苏联担心日本可能会从远东地区向自己发动进攻。众所周知，在1941年前后，日本国内正为"北上"还是"南进"而犹豫不决，高层内部为此而争论不休。所谓"北上"，就是从远东进攻苏联，沿西伯利亚一路西进，最终与德国军队汇合；所谓"南进"，就是占领整个西太平洋，控制印度支那、东南亚及澳大利亚等地，然后经印度、伊朗、中东与德国会师。曾经有一段时间，日本内部主张"北上"的势力一度占据了优势，从而使苏联感到非常紧张。1995年，曾任苏联秘密情报机构克格勃的前身NKVD的美国部副部长的维塔利夫·帕夫洛夫在一篇情报杂志上发表文章，他承认自己曾在1941年交给怀特一张便条，上面列出了苏联的外交政策要点，敦促怀特向美国政府"推销"这些政策，其中就包括美国应敦促日本立即全部从中国撤军。在怀特的努力下，国务卿果真曾给日本政府高层打电话，敦促其从中国撤军。然而具体到外交交涉中，美国政府向日本提出这种要求，不但不会得到同意，反而会进一步激化两国之间的矛盾，招致日本人的嫉恨，果然，不久日本人就偷袭了珍珠港。

研究者认为，虽然不能肯定这些苏联间谍一定影响到了罗斯福的决策，但他们把罗斯福以及其他高官的想法传给了苏联却是事实。至于如果美国不强烈敦促日本从中国撤军，美国和日本是否真的可以避免战争，他们认为，至少美国会有一段宝贵的备战时间，珍珠港事件中也不会损失那么多人。二战结束后，马歇尔将军在国会听证时也承认，如果当初不是珍珠港遭到空袭，美军可能会等到1942年1月1日才对日宣战。

另一方面，苏联也加紧了在日本的此类努力。在数年的时间里，苏联在日本建立了一个间谍网，随时了解日本的动向，其领导人就是装扮成纳粹德国记者的理查

斯大林格勒战役场面

山本五十六

发动珍珠港战役的罪魁祸首，日本海军上将，出生于新潟县长冈市的一个旧士族家庭。1901 年考入江田岛海军学校。1904 年毕业后，曾参加日俄战争，在对马海战中负伤。1916 年海军大学毕业后，担任第 2 舰队参谋。1923 年赴欧美各国考察海军建设，1935 年任日本驻美海军武官，期间曾任"五十铃"号巡洋舰和"赤城"号航空母舰舰长。1930～1938 年历任海军航空本部技术部长、第 1 航空队司令、航空本部部长、海军省次官等职。主张大力建设海军航空兵，并亲自率领航空部队进行严格的海上训练，为提高日本航空母舰舰载飞机的作战能力做出了巨大努力，对日本海军航空兵的发展起了重要作用。1939 年起，任日本联合舰队司令。1940 年晋升海军上将。

他支持和参加日本军国主义的侵华战争，是太平洋战争的重要策划者和组织者之一。曾竭力主张在日美开战之初，美国海军力量没有动员起来之前，首先击败美国太平洋舰队，以保证日本"南进"战略的实施。在这一思想指导下，他于 1941 年 12 月策划和指挥了偷袭珍珠港事件，并取得了胜利，保证了进攻东南亚日军的侧翼安全。但在 1942 年 5 月组织和指挥企图诱歼美军舰队主力的中途岛海战中，遭到惨败。随后，又在指挥所罗门群岛争夺战中，一败涂地。正是在这次战役中，因预告其座机出发的密电码被美军截获破译，当他的座机于 1943 年 4 月 18 日飞临布干维尔岛上空时，被美机群击落，当即毙命，死后被追授元帅称号。

德·索奇。据有关档案记载，早在 1941 年 9 月，索奇向苏联高层汇报，日本正准备进攻美国，而不会进攻苏联。苏联高层才终于松了一口气，并决定将部署在远东地区的 40 个陆军师迅速调到斯大林格勒，与德军决战，并最终取得胜利。同时，苏联从来没有把掌握的"日本准备进攻美国"的情报透露给美国。不管怎么说，珍珠港事件的发生对于苏联而言，的确是一大"幸事"，随着美国的正式参战，来自日本的威胁总算真正消除了。

推荐阅读

① 张俊红主编：《偷袭珍珠港：苦战太平洋》，北方妇女儿童出版社，2004 版。

② 利奥波德·罗森伯格原著，马俊杰编译：《偷袭珍珠港》，京华出版社，2004 版。

③ 柳茂坤编著：《大洋惊雷：日本海军偷袭珍珠港之战》，广西科学技术出版社，2004 版。

④ 刘笑盈著：《眺望珍珠港：美日从合作走向战争的历史透视》，北京广播学院出版社，2002 版。

⑤ 侯鲁梁著：《军港惊魂：日军袭击珍珠港》，军事科学出版社，2000 版。

⑥（美）约翰·托兰著，李殿昌等译：《美国的耻辱：珍珠港事件内幕》，中国广播电视出版社，1994 版。

性感女星玛丽莲·梦露

10

名伶之死：

轰动一时的梦露奇案

金发碧眼、性感的嘴唇、娇美的身材，以及被风吹起的白色裙子，这就是好莱坞巨星玛丽莲·梦露留在世人心目中永恒的印象。这个倾倒众生的绝代尤物迎合了男人们对物质美人的幻想，她用婴儿般稚气的音色极大地诱惑着男人们的心。尽管已经香消玉殒几十年，她却仍然是众多人心目中无人能够替代的性感女神。遗憾的是，这样一位绝代佳人，却在风华正茂时离奇地死去，而围绕她死因的调查，也成为美国历史上最著名的悬案之一。

性感女星的曲折道路

玛丽莲·梦露，原名诺玛·简·贝克，1926年6月1日出生在洛杉矶综合医院里。在她出生时，父亲就已离开她们母女远走他乡。因穷困不能抚养女儿，母亲格兰戴丝只好把她安置在洛杉矶市中心西南部伊达·勃兰德尔的领养家庭中。勃兰德尔一家是基督徒，他们依靠领养孩子来增补拮据的家庭收入。格兰戴丝每个星期六都会回来看望女儿，但是却从来不搂抱或者亲吻她，甚至连笑容也没有。有一天，格兰戴丝宣布已经为她们买了一栋房子。没想到在搬家的几个月后，格兰戴丝开始精神失常，时常尖叫或者狂笑，最后只能被送往在诺瓦克的州立精神病医院。于是，不幸的诺玛·简成了一名孤儿，格兰戴丝的好友格雷斯·麦基和戈达德成为她的监护人。1935年，格雷斯结婚后，诺玛·简被送到了洛杉矶孤儿院，此后她曾陆续到过12个领养家庭。从这一家到那一家，从孤儿院到收容所，别的孩子或许正在享受欢乐的童年，而年幼的诺玛·简却在品尝颠沛流离的滋味。1941年9月，格雷斯再次领养了她。后来，因为格雷斯一家将前往美国东部居住，而小诺玛的年龄尚小，她只能选择结婚或者被送回孤儿院。在格雷斯看来，婚姻会是小诺玛的最好归宿。于是，梦露被介绍与邻居的儿子詹姆士·多尔蒂于1942年6月结婚。

1945年，诺玛·简成为一名降落伞工厂的检验员。在一次偶然的机会中，摄影师发现了她，并希望将她的照片刊登出来用以鼓舞战斗中的士兵。不久，她与一个模特经纪人签约，后者使她与二十世纪福克斯公司签订了第一份演出合同。她在银幕上的第一个角色是在《斯库达，嚯！斯库达，嗨！》中扮演的一个只有一句台词的女孩。之后她又扮演了一个坐在赛艇上的女孩，但大部分镜头都被删除，只留下了一个长镜头。当格雷斯听到诺玛说福克斯公司建议她使用“玛丽莲”这个名字作为艺名时，她马上回信说这个名字与格兰戴丝的本姓“梦露”很相配，于是玛丽莲·梦露这个名字诞生了。随后的几年里，梦露的演艺事业并没有取得进展。1948年12月31日，在制片商撒姆

这是梦露在1948年的电影《斯库达，嚯！斯库达，嗨！》中的剧照，在这部电影中梦露扮演了一个一抛头露面便消失的不起眼的小角色。

诺玛在 1945 年拍的照片已初具明星气质

汤姆·凯利，这位著名的摄影师把梦露推向了前台，为梦露步入电影行业提供的契机。

·施皮格尔举办的一场晚会上，梦露在晚会上邂逅了威廉·莫利斯事务所的合伙人约翰尼·海德。海德凭直觉认识到梦露极有潜力成为一名巨星，正是在他的极力推荐下，梦露上演了两部作品《夜阑人未静》和《彗星美人》，这使她一举成名。

由于经济上的困顿，梦露在1949年5月27日让摄影师汤姆·凯利为自己拍摄了一张裸体照片，用以出版金色梦幻小姐月历，她得到了50美元的报酬。后来梦露把这张照片卖给了杂志出版商休·海夫纳，此人便是美国著名成人杂志《花花公子》的创办人。于是，梦露的裸照被登在《花花公子》的创刊号上，成为公认的第一个《花花公子》女郎。年老的海德多次向梦露求婚，但遭到梦露的拒绝。1950年12月18日，海德因为心脏病突发而去世，梦露为此感到非常自责并企图自杀。1951年下半年，福克斯公司确信梦露极具发展潜力，于是开始给她提供发展空间。到了1954年，梦露已经主演了《绅士爱美人》、《愿嫁金龟婿》和《娱乐至上》等影片，一跃成为当时最耀眼的女明星。由于电影公司总使她局限于演"白痴美人"一类角色，对此倍感疲倦乏味的梦露与之解除了合同，前往纽约艺人工作室学习表演。

梦露在电影《七年之痒》中的经典镜头，这张照片引起了乔·迪玛吉奥的极度不满，不久以后两人就结束了短短9个月的婚姻。

1953 年 8 月，梦露与摄影师密尔顿·格林在二十世纪福克斯电影公司的停车场内偶然相遇，此时的格林已是名震美国演艺圈和社会上层的名流摄影大腕。有感于梦露对表演艺术的执着，在格林的建议下，二人合作成立了玛丽莲·梦露电影制片公司，并拍摄了大获成功的《七年之痒》。

电影《七年之痒》在全美国引起了极大的轰动，并创造了当年全美电影票房的最高纪录。

这部片中梦露站在地铁口的镂空铁板上，下面刮上来的风将她的白色大蓬裙掀起一朵浪花的镜头，成了她最为经典的造型。曾被二十世纪福克斯电影公司的老板桑奴克称为"草包美人"的梦露经格林全新包装，成为以性感巨星形象出现的好莱坞最抢手的女演员。1956 年新年前夕，20 世纪福克斯电影公司终于向"草包美人"和格林投降了：公司请梦露和格林为它一年拍 4 部影片，题材任由梦露自己选择，拍摄过程也完全独立。他们拍的第一部片子就是堪称好莱坞经典的《公共汽车站》，她把自己的生活经历与剧中人物融汇在一起，演技也达到了前所未有的高度。新一轮的演出合同使梦露拥有更多自由的控制权，这段时间与她合作的明星包括加利·格兰特、克拉克·盖博、劳伦斯·奥利弗、约瑟夫·哥顿、理查德·威德马克、简·卢塞尔、劳伦·巴尔考、艾索尔·摩曼、查尔斯·劳顿、托尼·柯蒂斯、伊维斯·蒙坦德等。梦露终于成为红透整个好莱坞的一流明星，也是好莱坞一手炮制的最了不起的神话。

失败的婚姻与危险的爱情

玛丽莲·梦露短暂的一生中曾有过 3 次婚姻。第一次就是 1942 年 6 月 19 日，年仅 16 岁的梦露与邻居詹姆士·多尔蒂结婚。由于监护人的远离，年幼的梦露只

16 岁的诺玛手握《圣经》的结婚照

能做这种选择以避免再次被送回孤儿院。这段婚姻虽然一直维持到 1946 年才结束，但二人的感情却早就出现了裂纹。为了逃避狂躁、沮丧的妻子，结婚不到一年，多尔蒂就参加了商业船队，从此两人各奔东西。

梦露与第二任丈夫、美国棒球明星乔·迪玛吉奥的婚姻，可以称得上是整个 20 世纪最动人，同时也是最短暂的名人婚姻。据说在少女时期，梦露就对这位年轻的意大利裔的棒球手有着强烈的好感，而后者当时几乎可以说是整个国家最受拥戴的民族英雄。1952 年，梦露与两名芝加哥怀特－索克斯队的队员在公共场合里摆姿势的照片被发表在《纽约运动杂志》的版面上，立即吸引了已从扬基队退役的乔·迪玛吉奥的目光。迪玛吉奥让他的一个朋友安排了一次会面。梦露很快就发现迪玛吉奥魅力无穷，而迪玛吉奥也被她的美貌深深打动了。圣诞节时，迪玛吉奥送给梦露一棵圣诞树，这份礼物让这位失去双亲的魅力女神顿时热泪盈眶。1954 年 1 月 14 日，乔·迪玛吉奥和玛丽莲·梦露在旧金山的市政厅举行了婚礼。然而，深爱梦露的迪玛吉奥，不想与任何人分享玛丽莲，不想让她成为整个世界的，所以他希望梦露能离开好莱坞，这对梦露而言当然是不可能的。最终，公众强烈的关注使他们的婚姻更加紧张。在拍摄影片《七年之痒》的著名的那一幕中，当玛丽莲的裙子飞过了她的头顶时，迪玛吉奥非常愤怒。不久以后，他们决定分手。1954 年 10 月，在度过了仅仅 9 个月的婚姻之后，玛丽莲冷静地向外界宣布他们签署了离婚协议。

离婚后的梦露受到了大量著名男人的追逐。1956 年 6 月 29 日，梦露与剧作家亚瑟·米勒开始了她的第三段婚姻。在这段婚姻生活中，梦露怀孕了，但却因为她患上了子宫内膜异位症而导致了宫外孕，他们不得不选择流产以保住她的生命。之后的第二次怀孕依然以流产告终。梦露非常珍惜这段婚姻，她不仅支付了米勒前妻的赡养费，还用她公司的资金为米勒在英国购买了一辆美洲虎汽车，米勒也专门为妻子创作了剧本《不合时宜的人》作为情人节礼物。但是，梦露怪僻的行为以及对毒品、酒精的依赖最终导致了婚姻的结束。在《不合时宜的人》这部影片开拍的时候，两人的婚姻已经宣告破裂。1961 年 1 月 24 日，两人在墨西哥正式离婚。

除了这三任丈夫以外，梦露与美国许多名人都有往来。而肯尼迪兄弟与玛丽莲

·梦露之间的私情，则是其中最广为人知的。更可怕的是，这种关系很可能为她日后的死亡埋下了伏笔。对于约翰·肯尼迪与梦露之间的感情，有多种说法。有人认为，早在1951年约翰·肯尼迪还是参议员的时候，就结识了梦露。曾经有记者于1954年在约翰·肯尼迪康复病房里看到墙上挂着一张梦露的招贴画。梦露也曾向朋友詹姆士透露过那时她和肯尼迪开过房间。还有人声称，在1961年肯尼迪妹夫彼得·劳福德家举办的一次晚会上二人开始热恋。当时第一夫人杰奎琳正远在东海岸度假，而梦露与总统则双双从灯火辉煌的客厅溜了出来，进入一间大卧室并同床共枕了一个小时。事后私家侦探奥塔什声称，他安装在劳福德家中的窃听器捕捉到了这次火爆的调情场面。从此以后两人便常常约会，或是在贝弗利希尔顿大酒店共度良宵，或是在圣莫尼卡的沙滩上偷欢。而彼得·劳福德的家则成为梦露和肯尼迪约会的绝佳场所。

22年后，作家安东尼·萨莫斯采访了劳福德的遗孀帕特，她披露，肯尼迪和梦露走进她家的重要事情就是进入早已准备好的浴室做爱。总统顾问彼特·萨莫斯也曾在劳福德家看见梦露和总统同时从浴室中走出来，梦露的身上仅披着一条浴巾。很明显，梦露与总统在浴室内交欢，被人见着也习以为常。梦露还时常跟随肯尼迪出访，周末还秘密飞往佛罗里达棕榈泉共度良宵。1962年，肯尼迪与梦露通电话的次数越来越频繁，他甚至给了梦露一个私人电话，使得梦露可以从司

梦露和乔·迪玛吉奥抵达日本

梦露在"阿瑟农场"和米勒及其父母在一起，这一段日子对从小缺少父爱和母爱的梦露来说，是她一生中最幸福的时光。

梦露在肯尼迪的生日宴会上为肯尼迪高歌一曲

法部附近的通道直接进入肯尼迪的隐私空间。与此同时，肯尼迪甚至向梦露承诺，要与夫人杰奎琳离异，然后让梦露成为明媒正娶的"第一夫人"。梦露的密友特瑞·莫尔回忆说："那时，梦露天真地做着未来'第一夫人'的梦。"

后来，梦露又认识了肯尼迪总统的兄弟，当时的司法部长罗伯特·肯尼迪。据说当时肯尼迪总统已对梦露开始厌倦了。因为在总统更换了椭圆形办公室的专线号码之后，梦露仍然不断向总机打电话。当接线员拒绝接通电话时，她曾愤怒地说："我是玛丽莲·梦露！我要和约翰通话！"这显然严重违反了他们之间的保密协定，而这种丑闻对即将到来的选举可谓大大的不利。为了解决这种状况，罗伯特·肯尼迪以其哥哥的劝解人的身份出现在梦露面前。没想到，罗伯特也被玛丽莲迷住了，并成为梦露又一个秘密来往的情人。

不过，梦露与肯尼迪兄弟从未公开露面，所以尽管大家都认为梦露与这兄弟二人有染，却查无实据。只是在肯尼迪45岁生日那天，梦露当众出现，并现场演唱了生日祝福歌。但是，就在晚会之后几个月，梦露在自己家中孤独而神秘地死去。不久之后，肯尼迪兄弟也相继死于非命。

迷雾重重：神秘的死亡

尽管梦露的演艺事业如日中天，但精神失常、妊娠失败、堕胎和婚姻危机等一系列的打击使她的精神急转直下。而梦露与肯尼迪总统兄弟二人的感情纠葛，再加上电影公司里面的重重矛盾，这些几乎让梦露万念俱灰。就在此时，那个在感情从未离开过梦露的迪玛吉奥再一次来到她的身边。梦露的现状令迪玛吉奥非常担心，于是他决定长期留下来。据披露，梦露曾答应和迪玛吉奥重新在一起生活，他们甚至悄悄约定将于1962年的8月8日复婚。然而不幸的时刻即将来临了。

1962年8月5日，星期天，凌晨4点25分，西洛杉矶警官杰克·克莱蒙突然接到一个电话——玛丽莲的私人医生英格尔伯格通知警方：梦露自杀了！10分钟后，克莱蒙就赶到了梦露住处。当时，梦露家只有管家默里夫人、私人医生格林森和英格尔伯格。梦露赤裸着平躺在床上，脸部盖在枕头下，手里还握着电话筒，两条腿直伸着，床边散放着一些药瓶。克莱蒙的第一反应就是：一切是经过策划的，尸体僵硬而不自然地陈列着，而那绝不是自然死亡的姿势。克莱蒙曾调查过数桩自杀案，根据他的经验，服用大剂量安眠药后人体要产生痉挛或呕吐后才会死去，所以死后躯体会扭曲，而梦露的尸体却不是这样的。根据问讯，默里夫人对克莱蒙说尸体是在午夜零时左右被发现的，距离报案时间有数小时的差距，格林森医生的解释是他们在等制片厂广告宣传部的"绿灯"。半个小时后，一个比克莱蒙高一级的警官，洛杉矶专门负责凶杀案的罗伯特·拜伦警长取代了他负责此案。然后，警长打电话让玛丽莲的第一任丈夫詹姆士·多尔蒂前来认领死者。

事后，据梦露的管家默里夫人说，1962年8月4日那天，梦露的精神并没有什么异常。梦露曾问过默里夫人家里是否备有氧气袋，默里夫人说没有，于是她还给格林森打了电话要求送来。接着，又有人与她通了电话。这个电话显然对她的刺激很大，因为此后她的举止开始出现反常。

1962年8月6日，《纽约时报》头版头条刊登了梦露去世的消息，这个消息在全美乃至全世界引起极大震动。

此后的数天里，梦露的公寓始终被记者和人群包围着，大家都在设法探究梦露的真正死因，希望能够有所发现。第一位带头调查的是专门报道刑事案件的记者弗洛拉贝尔·缪尔，职业的敏感促使她一听到梦露的死讯后就拿起电话，向通用电话公司的朋友索取玛丽莲最后3天的电话记录，然而她仍然慢了一步——电话记录已经在天不亮的时候就被人取走了。英国著名作家安东尼·萨默思在得知梦露的电话记录被人取走后，就知道其中必定有人在干预，在外界尚未意识到发生了什么事情之前，就已经先人一步处理了这件事。因为他对联邦调查局的内部组织结构相当了解，并熟知那里处理事情的方法，所以他认为此事必定是在某个地位很高，甚至高于当时的联邦调查局局长胡弗的人的指示下进行的，而这个指示很有可能是从司法部长或是从总统那儿来的。

凶手是谁

　　几十年来，对于梦露的死因，有着各种各样的说法。有人说她是被黑手党所杀，因为她对弗兰克·西奈特的风流韵事知道得太多。也有人说她是在行将泄露肯尼迪弟兄弟的性丑闻时，肯尼迪家族的人派人杀害了她。作家诺曼·梅勒就大胆推测是秘密代理人杀害了梦露，以便掩盖肯尼迪兄弟的不光彩行为。而作家托尼·西亚卡在《谁杀害了玛丽莲》一书中，也提出了这一观点。有人甚至说中央情报局可能是杀害她的凶手，因为她放荡的性生活意味着她曾直接触及美国最高层的机密。还有许多人认为，她的死与她在最后几周对珠宝盒及保险箱中的财宝忧心忡忡有关。甚至还有一种说法认为是古巴人杀害了玛丽莲，其目的是破坏美国中央情报局操纵下的黑社会谋杀菲德尔·卡斯特罗的计划，并打击肯尼迪家族。

　　1962年8月10日，官方公布了验尸报告，称玛丽莲是服用过量的安眠药自杀而死的。可是根据法医的看法，如果是服用安眠药而死，胃里必定会有水分以及药剂的残留物，而验尸官在梦露去世的当天说她胃里没有任何药物。服用大量安眠药后最为明显的症状应该是死者在断气前会口吐白沫，可是官方的验尸报告中对此却只字未提。克莱蒙称自己当时就曾发现卧室内没有水杯，梦露如果要自杀，吞服如此多的药片没有足够的清水何以下咽？另外，法医还发现在玛丽莲的血液中含有大量的巴比妥酸盐成分。梦露去世前几天，她的医生曾给她开过一种烈性的安眠药巴

梦露在洛杉矶布兰伍德的小别墅。这是梦露生前最喜欢的居住地。

**梦露的
葬礼**

梦露之死疑云
重重，她与肯
尼迪的绯闻使
人们的眼光一
度凝注到总统
身上。

比妥酸盐。化验结果表明，梦露血液中巴比妥酸盐的含量高达 4.5%，如此大的药量足以使 3 个人丧命，而梦露绝不可能口服那么多药。医学界权威人士声称，唯一能造成上述情况的就是将药剂注射入人体的血管，而验尸官在报告中根本未提到遗体上有注射的痕迹。调查还发现，梦露卧室文件柜中与影片公司有关的文件不见了，涉及美国第一家庭的记事本和电话留言也都不翼而飞。梦露的心理医生格林森说她去世前一天很沮丧，但是那天见到过玛丽莲·梦露的许多人却说，她那天情绪很好，没有什么烦恼的表现。虽然传闻她有间歇性吞食药物的习惯，但也没有失控的征兆。如此多自相矛盾的地方，不能不让人对自杀之说产生怀疑。

更可疑的是，在梦露死后几小时里，她的管家默里夫人竟然做了一件她自称是"清理房间"的事情。她不仅清洗了所有的衣物、床单和桌布，处理掉了所有的食物和酒，而且扔掉了成堆的垃圾。虽然默里在梦露死后没有得到什么财产，但她却在 20 世纪 60 年代去欧洲旅行过 3 次。多年后，肯尼迪总统的妹夫彼得·劳福德在弥留之际曾接受了一次临终采访，据他透露，肯尼迪与梦露之间没有任何瓜葛，但他最后补充的一句话却又非常耐人寻味："即使梦露与肯尼迪兄弟间确有其事，我也不会说的。我不会，也不能说。"

40 年后，有关研究者经大量调查和核实，终于使梦露死亡之谜逐渐浮出水面。研究表明，梦露无疑是被谋害致死的，而且与肯尼迪总统有直接联系。

据分析，梦露与肯尼迪兄弟的频繁往来引起 FBI 的注意，他们开始调查梦露的背景。同时，由于肯尼迪家族与美国的黑手党存在非常复杂的关系，后者也开始注意梦露。与肯尼迪的私情使她的虚荣心日益膨胀，甚至做起了成为美国第一夫人的美梦。而后梦露又与罗伯特·肯尼迪坠入了情网，热恋中的梦露和罗伯特谈论的话题十分广泛，常会涉及政治和好莱坞的秘闻逸事。梦露对他们的政治性谈话做了笔记，为了和罗伯特有更多的共同语言，她还借阅了一些时事方面的书籍。殊不知，这位司法部长在白宫和家族中所扮演的角色是非常特殊的。所以当他的私情与肯尼迪家族的政治前途发生冲突时，他会毫不犹豫地做出选择。而此时的梦露偏偏被热恋的错觉蒙蔽，到处炫耀她和肯尼迪兄弟的关系。她完全没有意识到自己已经处在火山口上，因为在这个时候，已经有人开始监听所有与肯尼迪兄弟相关的人，梦露则是他们最理想的对象。1962年夏天，肯尼迪兄弟发现有人在他们海滨的住所以及梦露的公寓都安装了窃听器，他们立刻意识到与梦露的关系使他们处于一种窘迫的境地。接着就有人带信给梦露，让她不要再与总统交往，否则可能遇到麻烦。梦露隐约感到，她已先后被肯尼迪兄弟愚弄了，她曾经对来访的朋友直言不讳地说，要把与总统两兄弟的关系公之于众。随着竞选议员初选日期的临近，梦露成了肯尼迪家族实现其政治理想道路上的绊脚石，于是罗伯特更改了电话号码，也不再理睬梦露的留言。

1962年8月4日，梦露在与发型师悉尼·桂拉罗弗谈话时偶然说出，肯尼迪与黑手党有不可告人的秘密。当天晚上，梦露接到数个电话，包括她以前的情人乔斯·波兰诺。波兰诺莫名其妙地批评梦露道："你泄露了天机，这将震惊世界。"由于梦露无视现实的疯狂个性，只要她对媒体稍稍松口，拥有巨大权力的肯尼迪就会很快下马，肯尼迪家族也将陷入巨大的丑闻泥坑。所以，梦露已成为肯尼迪总统最直接的威胁。

梦露死后的第二天，其邻居证实，曾看见一个像肯尼迪模样的人带着另外两个人径直进入梦露的家，其中一人手里还提着黑色的医药箱。经历史学家查证，罗伯特·肯尼迪的确带着两个陌生人进入了梦露的卧室，随后肯尼迪出去呆在附近房间里，直到那两个男人出来，他们才一起驾车离去。梦露死后，她与肯尼迪两兄弟的性丑闻一度有所报道，但美国政府不希望这件事像原子弹爆炸般震惊世界，所以对这件事一直是遮遮掩掩。结论很可能就是梦露不肯甘于作为政治家的玩物，又掌握了许多本不该知道的秘密，所以她的被谋杀也是情理之中的事情。

推荐阅读

① 苏斐编：《一个真实的玛丽莲·梦露》，东方出版社，2004版。

② 李力、雷静编译：《玛丽莲·梦露：好莱坞的不朽神话》，哈尔滨出版社，2003版。

③ （英）蒂姆·科茨编著，钟轶南译：《玛丽莲·梦露联邦调查局档案》，上海译文出版社，2003版。

④ （美）彼得·哈里·布朗、帕蒂·B·巴勒姆著，潘晖等译：《名优之死：玛丽莲·梦露传》，上海远东出版社，1998版。

⑤ 钟磊磊、魏宁编著：《玛丽莲·梦露之谜最新破解》，中国世界语出版社，1998版。

玛丽莲·梦露电影作品列表

斯库达，嚯！斯库达，嗨！（Scudda Hoo！Scudda Hay！）（1948 年）

歌舞团的女人们（Ladies of the Chorus）（1948 年）

爱之欢乐（Love Happy）（1949 年）

去托马霍克的票（A Ticket to Tomahawk）（1950 年）

柏油丛林（The Asphalt Jungle）（1950 年）

火球（The Fireball）（1950 年）

彗星美人（All About Eve）（1950 年）

罪有应得（Right Cross）（1950 年）

家乡的故事（Hometown Story）（1951 年）

豆蔻年华（As Young as You Feel）（1951 年）

爱巢（Love Nest）（1951 年）

让我们堂堂正正结婚吧（Let's MakeIt Legal）（1951 年）

夜阑人未静（Clashby Night）（1952 年）

我们没有结婚（We're Not Married！）（1952 年）

无需敲门（Don't Bother to Knock）（1952 年）

猴儿干的好事（Monkey Business）（1952 年）

欧·亨利的客满（O.Henry's Full House）（1952 年）

尼亚加拉（Niagara）（1953 年）

绅士爱美人（Gentlemen Prefer Blondes）（1953 年）

愿嫁金龟婿（How to Marry a Millionaire）（1953 年）

大江东去（River of No Return）（1954 年）

轻歌曼舞好营生（There's No Business Like Show Business）（1954 年）

七年之痒（The Seven YearItch）（1955 年）

公共汽车站（Bus Stop）（1956 年）

王子与舞女（The Prince and the Showgirl）（1957 年）（兼任制片人）

热情似火（Some Like It Hot）（1959 年）

赫鲁晓夫在美国（Premier Khrushchev in the USA）（1959 年）（纪录片）

让我们相爱吧（Let's Make Love）（1960 年）

不合时宜的人（The Misfits）（1961 年）

濒于崩溃（Something's Got to Give）（1962 年）（未完成）

肯尼迪发表就职演说

11

美国历史上最大的悬案：
肯尼迪遇刺之谜

　　20 世纪 60 年代，美国产生了历史上最年轻的总统：年仅 43 岁的约翰·肯尼迪。这位出身名门的总统，以其出色的领导才能、非凡的人格魅力以及流利的口才获得了广大美国民众的支持。然而当时任何人都不会想到，他也将成为美国历史上悲剧性的总统。1963 年 11 月 22 日，美国南部城市达拉斯，肯尼迪总统携夫人杰奎琳一同在这里为下一年的总统选举做准备，他们沿途受到了民众的热烈欢迎。12 时 30 分，当总统的车队经过一座大楼时，突然传来几声枪响，之后，只见敞篷轿车上的肯尼迪先用手护住颈部，接着向后倒在了夫人杰奎琳的膝上。随即，肯尼迪被紧急送往帕克兰医院。13 时，院方宣布，总统因抢救无效死亡。消息一经传出，举国震惊。令人费解的是，在一向号称政府效率很高的美国，整整 40 多年过去了，肯尼迪遇刺事件的真相却仍然扑朔迷离。究竟谁是凶手，谁是幕后策划者？这一秘密为何历经 40 多年都未被揭开？

美国历史上最具魅力的总统

肯尼迪遇刺时记者抢拍的一组惊险镜头

约翰·肯尼迪，美国历史上最年轻的总统。对美国人来说，他是一个传奇人物。肯尼迪出身名门望族，从小就接受到良好的教育，在新闻、军事、外交、经济等学科领域都有相当大的成就。在成为总统之前，他曾是一位优秀的新闻记者和畅销书作家，其主要作品《英国为什么沉睡》、《英勇的人们》等，先后被译成了好几十种文字。1957年，肯尼迪因其传记作品获得了美国文学的最高荣誉——"普利策奖"。当选为美国总统后，由于其年轻而充满朝气的形象、开拓而务实的政策，肯尼迪得到了越来越多美国人的拥护。

1960年11月，肯尼迪竞选获胜后接受支持者的祝贺。

当时，由于国内经济低迷、民权运动的高涨，国际上深陷越南战争和与苏联军事竞争的泥潭，美国的国家形象大受损害。肯尼迪上任后，凭借其非凡的领导才能，领导美国逐步走出了困境。在国内

杰奎琳身着黑纱出现在肯尼迪的葬礼上，这次葬礼是美国历史上为国家元首举行的规模最大的一次国葬。在这次葬礼上，年仅3岁的小约翰·肯尼迪向他父亲的灵柩敬礼告别，这一举动是整个葬礼上最令人感动和心酸的场面。

事务方面，他将美国当时最优秀的一批经济学家聚集在周围，认真倾听他们的意见，结果在他就职后的4年里，美国经历了历史上少见的时间长、势头猛的经济发展。对外政策方面，他推行"新边疆"政策，与苏联签署了禁止核试验的条约，并成功地化解了古巴导弹危机。尽管肯尼迪时期的美国已非常强大，但肯尼迪却坚持认为，所有国家都应该自由地采用自己的制度。他的开明、和平立场深受世界各国的称赞，他成为当时世界上"最受人钦佩的人物"。在越战问题上，肯尼迪也表现出了灵活而现实的态度。据透露，早在1963年春，肯尼迪就有计划打算在1964年选举结束

后从越南撤出所有美军。不料天有不测风云，这样一位年轻而富有才华、具有无穷感召力的总统，却将面临悲剧的命运。

1963年11月22日，肯尼迪携其夫人杰奎琳一道抵达美国南部城市、德克萨斯州的达拉斯，进行一次例行的公务巡视。德克萨斯州州长康纳利夫妇前去迎接，随后与肯尼迪夫妇一起乘坐一辆林肯牌敞篷大轿车，由机场开往市区，并准备在那里发表一篇演说。车队沿途受到群众的热烈欢迎。中午时分，当车队进入埃尔姆大街，经过一座八层的教学图书馆大楼时，肯尼迪突然遭到刺客的枪击，头部与颈部中弹，半小时后，就在医院里死去；同车的州长康纳利也被击中两枪，受了重伤。

在肯尼迪死后不久，陪同肯尼迪访问的副总统约翰逊立刻护送肯尼迪灵柩返回华盛顿，并于当天下午3点38分在回航华盛顿的"空军一号"总统专机上宣誓接任美国总统。11月23日清晨，肯尼迪遗体从贝塞斯达海军医院移送到白宫。11月25日，美国政府为肯尼迪举行葬礼，以法国总统戴高乐为首的92个国家的代表团前来参加。

调查疑点丛生，结论众说纷纭

在美国历史上，自从1865年林肯总统被人暗杀以来，就曾发生多起针对总统的刺杀案。然而，在这众多的事件当中，肯尼迪遇刺案无疑是最扑朔迷离的。美国公众百思不得其解的是：肯尼迪竟在联邦特工的眼皮底下，当着摄影记者的面被人一枪"灭口"，而开枪杀人者不久之后又神秘死去。如今40多年过去了，肯尼迪

许多国家的政要出席肯尼迪的葬礼

法国总统戴高乐向肯尼迪的遗体致敬

被刺的一些具体内幕仍然神秘莫测。尽管当时美国官方宣布，奥斯瓦尔德是刺杀肯尼迪的唯一凶手，是他致命的两枪击中了肯尼迪的要害部位，导致了肯尼迪的身亡。但更多人则怀疑奥斯瓦尔德的被抓和被枪杀只不过是官方的一个掩人耳目的骗局而已，根本不能令人信服。多年来，不断有人对这一案件提出各种假设。据粗略估计，关于肯尼迪遇刺的内幕至少有36种不同的版本，但至今没有一种版本真正令人信服。

这就是被警方认定的刺杀肯尼迪的唯一凶犯奥斯瓦尔德。

备受质疑的奥斯瓦尔德说

在肯尼迪中弹以后，他的保卫人员和警察等便立刻行动起来，寻找行刺者，最后在那座大楼五层的一间房间里发现了一支步枪，上面装有瞄准器，旁边还有几发弹壳。很快，警方就在一家电影院里抓获了暗杀刺客，经查，此人名叫李·哈维·奥斯瓦尔德，24岁，是美国前海军陆战队的神枪手，曾旅居苏联。11月25日，当达拉斯警察局准备将奥斯瓦尔德转移时，当场被一位名叫杰克·鲁比的夜总会老板开枪打死，而鲁比本人最后也死于监狱之中。当时，继任总统林登·约翰逊曾亲自任命了一个总统特别委员会，调查肯尼迪被杀事件的真相。经过近10个月的调查，有关方面寻访了552位证人和25000其他人员。1965年9月25日，委员会做出了一份912页，包括照片、图表、证据、证言和其他文件共25册，总字数达百万字的《总统特别委员会关于肯尼迪总统被暗杀的调查报告》（即"沃伦报告"），向全国人民提

这是1963年11月8日，署名为奥斯瓦尔德的人写给杭特先生的字条，奥斯瓦尔德在字条中问"总统所在的位置"，这张字条被认为是奥斯瓦尔德刺杀肯尼迪最有力的证据。但是这张字条是奥斯瓦尔德死后才被找到的，有人从笔迹上分析后认为是伪造的。

杀害肯尼迪的物证

供总统暗杀事件的真相。报告中称，奥斯瓦尔德行刺肯尼迪是一个"孤立的事件"，他开枪没有纯粹的政治动机，因为奥斯瓦尔德是一名精神病患者。而且"没有任何证据证明有人帮助过他"。奥斯瓦尔德当时藏身于达拉斯学校书库，他是在总统车队驶过后，从后面开了三枪。但是，该报告一经出台，就遭到广泛质疑。

关于奥斯瓦尔德刺杀肯尼迪的动机，有人认为他是一位狂热分子，喜欢看007间谍小说，一直梦想叛逃出美国。此前他曾经试图偷渡到中美或古巴，但都失败了。所以有关研究者据此认为"在看过007小说两个月后，奥斯瓦尔德就执行了行刺肯尼迪的计划。刺杀肯尼迪也许是奥斯瓦尔德一时冲动的决定，他一厢情愿地以为，刺杀肯尼迪也许可以作为他向古巴赠送的一个礼物，以便在自己叛逃出美国后，梦想古巴能够收留自己"。还有一种说法，认为奥斯瓦尔德患有抑郁症，他刺杀总统的唯一动机就是想引人注意，为了表现自己，他不惜选择了极端的方式。2003年，奥斯瓦尔德的哥哥罗伯特在接受美国全国广播电台的采访时确认了这一点。

然而，当时官方的报告中漏洞百出，实在是令人疑窦丛生。

第一，关于凶手发射的子弹数目及方向的疑点。当天，为了保护总统出行的安全，达拉斯警方曾在总统车队的汽车上安装了麦克风，以便对现场进行录音。尽管当时现场非常混乱，录音十分模糊，但有关专家仍有惊人发现。在录音带中有3声枪响听起来比较清楚，一位数学家经过详细测算，判断出这3声枪响的时间都与肯尼迪中弹的时间有着非常明显的间隔。但是，数学家还认为录音带中出现的一些"听起来像枪声的噪音"，事实上也是枪声，而它的出现与肯尼迪被击中的时间恰好吻合，这也正是置肯尼迪于死地的一枪。更令人惊奇的是，这发子弹是在奥斯瓦尔德开枪前7/10秒射出的。也就是说，当时射向总统车队的并非委员会报告中称的3发子弹，而是4发。然而一些武器专家指出，凶手所使用的是一支1940年意大利制造的旧式步枪，没有自动装置，瞄准十

肯尼迪遇刺时乘车所经过的街道

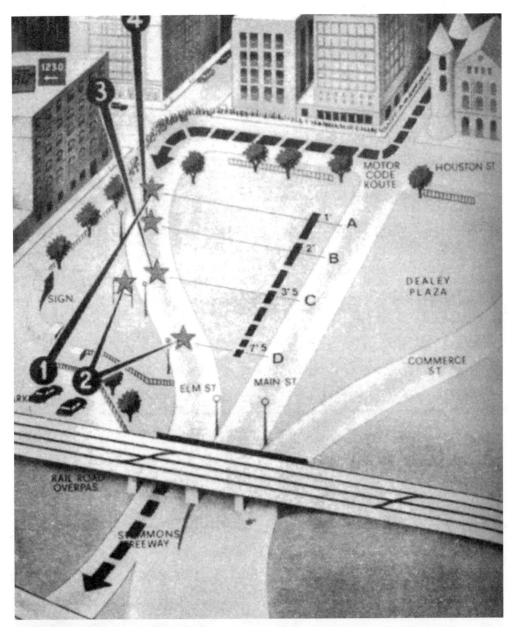

**肯尼迪遇刺
示意图** 图中，A、B、C、D指向的五角星表示四颗子弹射向肯尼迪时肯尼迪的位置，字母旁边的数字表示子弹射出的时间。①、②、③、④表示可能有4个人刺杀了肯尼迪，其指向的五角星表示刺客瞄准的位置。虚线箭头表示总统车队行进的方向。

分不便。它在袭击总统的五六秒内，最多只能射出 3 颗子弹。由此又有一些人设想，当时是有两个人从不同的方向向总统开枪。现场的一位铁路工人就曾证明说：当天肯尼迪总统车队经过的路边停车场上停放了几辆汽车，在枪声响起时，那里有几名军人和一名持报话机通话的人忙乱地离开了停车场。其他一些目击者声称：子弹是从教科书仓库大楼对面的草坪附近射出的，而不是楼内。当时，许多警察及目击者为捕捉凶手而冲向草坪。这些都足以证明，行刺肯尼迪的枪手至少有 2 个人。但因缺乏实际证据支持，这种猜测当时就被总统特别委员会全部推翻了。

　　第二，关于总统遗体查验中的疑点。案件发生后，有关部门对肯尼迪遗体进行了检查，试图发现蛛丝马迹。然而在此期间，再次出现了一些令人生疑的情况。据负责解剖肯尼迪遗体的海军医疗中心 X 光摄影师称：他在给总统遗体拍照后，联邦调查局特工坚持亲自显影，并拿走了胶卷和全部底片。他后来发现，许多底片失踪了，用来摄影的胶片在拍摄完成后也"曝光"了，剩下的只是一些模糊难辨的、不知出自何人之手的照片。根据其中的一张照片显示，躺在验尸台上的肯尼迪总统，脸部毫无损伤，眼睛睁着，嘴唇似乎还在微笑。曾在验尸时协助工作的达拉斯市退

被怀疑是刺杀肯尼迪总统的凶手奥斯瓦尔德（中）在转狱时被一家酒吧的老板杰克·鲁比开枪打死。

休警官保罗·奥康纳证明说，当时他发现总统的后头部被射穿，但脸部完整无伤。但是根据弹道学家的分析，按照常理，肯尼迪脸部的右半侧会被轰碎，不可能如此完整。于是有人怀疑：凶手并不是从后面向肯尼迪开枪，而是从前面将子弹射入总统头部的，然后有人将这颗子弹偷偷取了出来，并将弹道破坏，以便掩盖子弹真实的飞行方向，并且还设计了新的轨迹经过肯尼迪头后部的弹道。据当时负责解剖尸体的军医说：总统头部的伤口大概有 10 毫米 ×20 毫米，颅腔内空无一物，甚至连大脑也不见了！后来，肯尼迪的脑子与解剖时的照片和 X 光片被保存到国家档案馆。但 1966 年 10 月，这些资料统统不翼而飞。1992 年，曾经参与过抢救总统的帕尔克

林德医院的医生克林绍出版了《约翰·肯尼迪——打破沉默》一书。书中称：总统被送来抢救时整个大脑右半部都没有了，根据头的右部情况可以断定，子弹是从总统右边太阳穴几乎沿着切线打穿颅骨的，并损伤了头顶和后脑勺骨。克林绍当时还检查出肯尼迪的喉结下部有第二处伤口，其入口似自来水笔直径一般大小。他确认，总统头部的两处伤口，是前面两次射击的结果。

第三，为什么有那么多的重要证人先后丧命？在肯尼迪遇刺后的年代里，居然有 183 名与此案有关的重要证人先后丢失了性命。那些声称奥斯瓦尔德并非真凶的目击者，先后离奇地死亡。奥斯瓦尔德的一位好朋友乔治·德希尔德，刚接到总统委员会的临讯通知便无疾而

肯尼迪家族神秘的悲剧

几十年来，在政治上显赫的肯尼迪家族，似乎被神秘的、死神的黑暗力量所笼罩，几乎是悲剧不断。

1944 年，约瑟夫·肯尼迪（肯尼迪总统之兄）死于飞机相撞事故，年仅 29 岁。

1948 年，凯瑟琳（肯尼迪总统的妹妹）也死于飞机相撞事故，年仅 28 岁。

1963 年 9 月，肯尼迪总统的第一个儿子帕特里克·布维尔·肯尼迪因患呼吸系统疾病，在肯尼迪总统遇刺前 3 个月死亡。

1963 年 11 月 22 日，约翰·肯尼迪在达拉斯城遇刺身亡。

1968 年 6 月 5 日，肯尼迪总统之弟罗伯特·肯尼迪作为民主党总统选人在洛杉矶市进行竞选时被枪手射杀身亡，时年 42 岁。

1969 年 7 月 18 日，肯尼迪总统之弟爱德华·肯尼迪在马萨诸塞州驾车时不慎坠入桥下，他的女助手玛丽·乔·科佩奇尼死于车下。

1973 年，罗伯特·肯尼迪的儿子约瑟夫·肯尼迪遭遇车祸，造成同车的一位女乘客终身瘫痪。

1984 年，罗伯特·肯尼迪的儿子大卫·肯尼迪在佛罗里达州棕榈泉的度假屋附近一家旅店吸毒过量而丧命，年仅 28 岁。

1997 年 12 月 31 日，罗伯特·肯尼迪的儿子迈克尔·肯尼迪死于滑雪意外，此前他曾被控谋杀肯尼迪家族的一位少年保姆。

终了；报社女记者多茜西曾到达拉斯监狱对枪杀奥斯瓦尔德的凶手杰克·鲁比进行采访，不久就在家中暴死；而在监狱中死于癌症的杰克·鲁比临死前曾表示，肯定有人做了手脚，人为地使他患上了癌症；《达拉斯时代先驱报》的记者吉姆·莱德与杰克·亨特曾在鲁比枪杀奥斯瓦尔德之后，到鲁比家进行过调查采访；但不久，吉姆在自己的家中被枪杀；杰克则因警察手枪"走火"而死于非命。众多证人的先后离奇死亡，难免使人们怀疑，奥斯瓦尔德绝非是个人作案，他的背景也并不简单，肯定和政治有着千丝万缕的关系。

关于政治阴谋的猜测

由于奥斯瓦尔德被认为是一名古巴的同情者，是菲德尔·卡斯特罗的疯狂崇拜者，所以有一些人推测奥斯瓦尔德决定枪杀肯尼迪是为了表明自己的忠心。于是，当时曾有人指责古巴与这起刺杀案有某种牵连。不过在最近，古巴方面对此予以了反驳，并通过一些事实大胆推测：是美国中央情报局因不满肯尼迪对古巴制裁的约束，指使一名黑帮分子和两名古巴流亡分子暗杀了总统。古巴方面进一步指出，在总统被害的当天，有几位目击者曾在现场拍摄了照片，但事后他们的照相机、底片和摄影机都被自称为联邦调查局的人没收了，之后再也没有归还。负责救护总统的帕尔克林德医院的医生称，按照得克萨斯州法律，死者必须在当地解剖尸体，但当时一些荷枪实弹的联邦调查局特工包围了肯尼迪的灵柩并用枪威胁他们，强行带走了灵柩。事实上，以胡弗为首的联邦调查局确实与肯尼迪颇有过节。胡弗自特统治联邦调查局多年，对任何人都不放在眼里，很多国家官员和总统也都因为有隐私和把柄握在胡弗手中而让他三分，唯独肯尼迪对他不屑一顾。1961年，肯尼迪迫使联邦调查局服从司法部的领导，限制了胡弗的权力，甚至将撤换联邦调查局局长的决议提上了总统的工作日程。1962年，白人优越主义者因肯尼迪授予黑人平等权利的公民权法而策划暗杀肯尼迪，联邦调查局虽然曾接到警告，但是却没有采取相应的行动来保护总统。

由于奥斯瓦尔德曾有在苏联生活的背景，并可能是中央情报局的双面特工，所以有人猜测，这可能同中情局和肯尼迪的矛盾有关。

1988年，事情似乎有了重大突破。有一个名为珍妮佛·怀特的女人和她的儿子李奇·怀特来到得克萨斯州莱特兰市的联邦调查局分部。珍妮佛称，她的丈夫罗斯克·怀特和射杀奥斯瓦尔德的鲁比共同谋杀了肯尼迪。她说，奥斯瓦尔德是丈夫罗斯克的好朋友，在到得克萨斯州教科书仓库大厦之前，他在一家印制军用地图的公司工作。当时珍妮佛在鲁比的酒吧做脱衣舞女，她看见丈夫罗斯克进来找鲁比，就在办公室外偷听了他们的谈话，而鲁比和罗斯克所商议的正是共同暗杀总统肯尼迪的计划。当时，鲁比发现了珍妮佛，立即打电话请示。然后告诉罗斯克让珍妮佛去

惊人的巧合：美国总统肯尼迪与林肯两人的经历

林肯于 1846 年当选为美国会议员；肯尼迪于 1946 年当选为国会议员，整整相隔 100 年。

林肯于 1860 年当选为美国总统；肯尼迪于 1960 年当选为美国总统，整整相隔 100 年。

林肯（Lincoln）和肯尼迪（Kennedy）的名字都是 7 个字母。

他们的妻子都曾在白宫期间失去过孩子。

林肯和肯尼迪都特别关注民权。

两人据说在遇刺前的一个月里都在梦中得到过警告；两人遇刺的时间都是在周五；两人都是头部中枪；两人都是被美国南部地区的人刺杀；两人的继任者都叫约翰逊。

林肯的继任者安德鲁·约翰逊生于 1808 年；肯尼迪的继任者林登·约翰逊生于 1908 年，相隔整整 100 年。

刺杀林肯的枪手是约翰·威尔克斯·蒲斯；刺杀肯尼迪的枪手是李·哈维·奥斯瓦尔德，两人的名字都有 15 个字母；蒲斯和奥斯瓦尔德也都在审判前被刺杀。

接受消除记忆的电击治疗，并威胁他们说，一旦消息泄露出去，他们的两个儿子就没命了。1971 年，珍妮佛在路上遇到一名陌生的男士，她被告知全家已经受到监视，如果罗斯克不合作，他们一家包括孩子在内都要完蛋。珍妮佛回家后询问丈夫，罗斯克说，这都是中情局的安排，自己只是执行命令，并叫她不要多问。3 个月后，罗斯克在工作时因电焊枪爆炸死亡。罗斯克死后 4 年多，联邦调查局曾从他家里搜出许多与暗杀肯尼迪总统有关的照片和证据。其中奥斯瓦尔德拿着枪的照片，被交到特别委员会，但后来都没了音信。李奇·怀特说，1975 年，有个自称是他父亲朋友的人来找他。那人告诉他说，罗斯克·怀特曾担任中央情报局秘密杀手的任务，暗杀了肯尼迪总统，但无论如何，这都是以国家的利益为重的。后来李奇在家中的储藏室里发现了他父亲的日记，日记记录着从 1957 年开始，罗斯克进入中央情报局并在远东地区执行秘密任务的生活、他和奥斯瓦尔德的友情、暗杀肯尼迪的情况，以及他在谋杀总统之后担惊受怕的心情。此外，李奇还找到一个父亲留下的箱子，里面装着罗斯克在海军情报局工作时与奥斯瓦尔德在菲律宾及其他地方的合影照片。与以前搜到的证据一样，珍妮佛和李奇提供的资料在联邦调查局后来的调查中再也没有提起过。

另外，还有各种稀奇古怪的说法，如美国有一本名为《死亡的三角地带》的书，竟认为肯尼迪遇刺案是越南人所为。其理由是 1963 年 11 月，美国政府为挽救败局，策动了南越的军事政变，并打死了吴庭艳，而吴庭艳的余党就对肯尼迪采取了报复行动。

总之，尽管在 1978 年，当初的沃伦报告因漏洞百出而被参议院推翻，但参议院也没有说出谁是幕后真凶，而是欲盖弥彰地决定在 2038 年才公开肯尼迪遇刺案件的所有档案。

惊曝内幕：这是副总统干的！

20世纪90年代以来，有关肯尼迪遇刺案的说法似乎渐渐有统一的趋势，越来越多的人认为，当时的副总统林登·约翰逊就是幕后的真正主使者。其实早在40多年前，就有人提出过这种怀疑，只是由于缺乏足够的证据而被忽略。不过近些年来，随着一些内幕的陆续曝光，情形对约翰逊非常不利。

2003年，在美国出版的一本名为《肯尼迪，最后的证人》的新书在全世界引起了巨大轰动。该书由法国记者威廉·雷蒙和一名自称为肯尼迪遇刺案最后的证人的美国商人比利·索尔·埃斯蒂斯合著，书中大量翔实的材料证实了一桩事实：当时的副总统林登·约翰逊卷入了这桩惊天谋杀案。

肯尼迪与时任副总统的约翰逊在一起。由于两人的关系不和，很多人怀疑肯尼迪被刺杀是约翰逊幕后操纵的。

据称，身为商人的比利·索尔·埃斯蒂斯曾向约翰逊提供过金钱支持，他不仅知道杀害肯尼迪的凶手，还掌握一些证据，其中包括约翰逊寄给他的19封信，以及一些电话记录。据埃斯蒂斯说，尽管手中掌握着有关责任人的名单，但他在多年内一直保持沉默。1984年，他曾经通过律师和美国司法部联系，提供自己知道的细节，但由于埃斯蒂斯要求自己能够免除任何责任，和美国司法部的谈判不久便中断。

来自得州的林登·约翰逊在担任副总统前，曾被选为参议院议长，是美国最有权势的人物之一，而其背后还有一个坚实的得州集团的支持，亿万富翁埃斯蒂斯就是其中之一。当时，副总统约翰逊与肯尼迪产生了深刻的矛盾，因为后者准备在竞选连任时更换合作伙伴，另外据说肯尼迪还掌握了约翰逊等人的一些贪污劣迹，从而准备进行财政改革。于是，为了维护得州集团的利益，他们下决心要除掉肯尼迪。埃斯蒂斯还披露，约翰逊还找到了合适的政治盟友胡弗，正是由于得到了胡弗领导的联邦调查局的配合，对于肯尼迪遇刺的调查没有能够真正取得结果。

除了埃斯蒂斯以外，还有一位非常重要的证人，也于 2001 年透露了一些惊人的秘密，直接证明了约翰逊就是幕后主使人，这名证人就是约翰逊当年的情妇马德莱娜。据马德莱娜透露，刺杀肯尼迪是得克萨斯州的石油大亨哈罗德森·亨特出钱、约翰逊具体策划和幕后指挥的。马德莱娜从 23 岁时就成为约翰逊的情妇，他们的关系在极其秘密的情况下一直保持了 20 年，两人甚至还生有一个儿子。一心想当美国总统的约翰逊让马德莱娜绝对保守秘密，他担心黑手党及其政敌知道他的私情后会对他不利。马德莱娜了解约翰逊的许多情况，包括他在刺杀肯尼迪一案中所扮演的角色。可是多年来，马德莱娜一直守口如瓶，一是为了保护约翰逊，因为她始终爱着他；二是担心影响儿子的前程。现在，约翰逊早在 1973 年去世，他们的儿子也于 1990 年患癌症病故，马德莱娜也到了垂暮之年，再也没有什么好顾虑的了。于是，她站了出来，为这个震惊世界的大案作证。

据马德莱娜说，石油大亨哈罗德森·亨特是约翰逊的好朋友和金钱方面的支持者。1960 年约翰逊在民主党总统候选人提名大会上败给肯尼迪之后，他们就对肯尼迪恨之入骨。约翰逊对败于肯尼迪一直耿耿于怀，每当谈及此事，他都激烈地咒骂肯尼迪是"爱尔兰的小杂种"。肯尼迪虽然让他当了副总统，但他心里明白，因他与许多丑闻有关，在 1964 年下一届总统选举中，肯尼迪肯定不会保留他的副总统位子。1963 年 11 月 21 日，也就是肯尼迪遇刺的前一天晚上，马德莱娜参加了一个为埃德加·胡弗举行的晚会，晚会上富商云集。约翰逊到得很晚，他把亨特等叫到一个小屋子里开了十几分钟的会，其中一人还参加了后来调查肯尼迪遇刺事件的沃伦委员会。当约翰逊走出来的时候，他看到了马德莱娜，就凑到她的耳边小声对她说："从明天起，这个该死的肯尼迪就不会再妨害我，这不是威胁，而是说到做到。"第二天上午，在肯尼迪遇刺之前 4 小时，马德莱娜接到约翰逊从他与肯尼迪一起下榻的旅馆打来的电话，他将前一天晚上说的话又重复了一遍。马德莱娜当时并没弄清这句话的深刻含义，但在肯尼迪被杀后她一切都明白了。马德莱娜还回忆说，大约一个月后，她问约翰逊是否介入刺杀肯尼迪的案件，他顿时勃然大怒，责怪她不

1963 年 11 月 22 日，在肯尼迪总统遇刺几个小时候后，副总统约翰逊便在"空军一号"上宣誓就任美国第 36 届总统。

该谈论这个话题。接着，他对马德莱娜说："你不是认识我的朋友吗？是他们杀了他。"

肯尼迪遇刺身亡后，约翰逊成了白宫的真正主人。一个以最高法院大法官沃伦为首的七人调查委员会成立了，而该委员会实际上受到约翰逊的暗中操纵。大量事实证明，刺杀肯尼迪是一个精心策划的大阴谋，阴谋的背后就是野心勃勃的副总统约翰逊。肯尼迪的这次达拉斯之行就是约翰逊一手安排的。1963 年 6 月 5 日，肯尼迪、约翰逊和得克萨斯州长康纳利在华盛顿一家饭店开会，两个得克萨斯人想方设法说服肯尼迪作了秋天到达拉斯的许诺。康纳利与约翰逊的关系非同一般，他的绰号就是"约翰逊的小伙计"。在刺杀案发前 5 个月，只有他们 3 人知道总统的这个计划。

到此，人们就可以结合当时的种种疑点来追踪了。首先就是总统车队在达拉斯的行车路线的选择，这条由德州州长康纳利越权强行制定的路线，在最初给白宫的报告中提到在埃尔姆街要拐弯。因为拐弯就必须降低敞篷车的车速，也就给射手击中目标提供了方便。22 日那天，当车队就要出发时，秘密警察突然改变了原先拟定的计划，护送总统座车的摩托被减少了一半，向来被安排在总统座车前面的新闻车也被放在车队尾，因此，在枪击发生的一刻，现场竟然没有一个记者、一架摄影机或照相机。看来，这一切都是约翰逊安排的。再有，案发后，当肯尼迪还在医院抢救的时候，约翰逊就下达了清洗敞篷汽车的命令，接着又委派他的亲信将康纳利州长带血的衣服取回洗净，并再次下令销毁物证。肯尼迪死后几天的白宫对外联系的电话录音也透露：约翰逊利用其影响促使一些人士参加沃伦委员会，并威胁沃伦不要去追查事件真相。

2003 年，白宫新任发言人麦克莱伦的父亲巴尔·麦克莱伦在新书《鲜血、金钱和权力：约翰逊如何谋杀了肯尼迪》中称，他当年和约翰逊的私人律师克拉克合伙开了律师事务所，与约翰逊一样来自得克萨斯州的克拉克早在 1961 年肯尼迪上任之初，就开始在约翰逊吩咐下酝酿刺杀计划。老麦克莱伦称，他手头掌握着克拉克一些从未发表过的信件、采访记录、照片以及留有他指纹的材料。

了解到种种直接指向约翰逊的证据后，如果我们结合美国的政治仔细加以分析，也就不难理解这样一个事实了：刺杀肯尼迪其实正反映了不同利益集团之间的激烈斗争，而肯尼迪只不过是这种斗争的牺牲品。至于案件本身，恐怕随着时间的推移和许多当事人的先后去世，这桩惊天谋杀案也注定要成为美国历史上最大的悬案了。

推荐阅读

① （美）哈尔·马科维奇著，蔺秀云译：《约翰·F. 肯尼迪》，现代教育出版社，2005 版。

② （美）爱德华·克莱因著，袁曦临译：《肯尼迪诅咒：美国第一家族 150 年的厄运》，南京出版社，2005 版。

③ （美）菲利普·梅兰森、卡尔·奥格尔斯比著，陶昱译：《谁杀害了他们》，四川人民出版社，2004 版。

④ 岳凯军编译：《肯尼迪——遇刺身亡的总统》，光明日报出版社，2003 版。

⑤ 邹佩丛等编著：《肯尼迪家族命运之谜》，辽宁人民出版社，2000 版。

⑥ 吕加平著：《阴谋与抗争：肯尼迪总统被刺案起因剖析》，学苑出版社，1998 版。

马丁·路德·金正在发表演讲

12

噩梦：
谁谋杀了马丁·路德·金

1963 年 8 月 28 日，美国，华盛顿纪念碑下，一位年轻的黑人牧师正面对 25 万名听众发表演讲,他以充满感召力的声音说"我有一个梦想总有一天我们能将种族不和的喧嚣变为一曲和睦的乐章。在佐治亚州红色的山丘上，昔日奴隶的子孙和昔日奴隶主的子孙同坐在友爱的桌旁，一同祈祷……我有一个梦想：我的 4 个幼小的孩子总有一天会生活在这样的国度里：鉴定他们的标准不是肤色，而是内在的素质和品格……"这个人，就是美国历史上伟大的黑人解放运动和民权运动的领袖马丁·路德·金。一直到今天，他的演讲录音，都是学习英语的人们的必备教材。尽管他在 40 多年前被罪恶的子弹击倒，但他的精神却成为后世宝贵的遗产，而美国人也专门为他设立了一个纪念日。

马丁·路德·金的妻子亲吻从法庭走出来的金，金被无罪释放。金由于为黑人争取民权而屡屡被法庭传讯。

"我有一个梦想"

　　美国，一个向来标榜人权至上的国度，在其历史上曾出现过令人羞耻的记录，那就是对黑人的歧视和压制。虽然在 19 世纪 60 年代的美国南北战争结束后，由林肯倡导的解放黑奴运动使黑人的处境有所改善，但由于美国社会种族主义势力不断膨胀，黑人问题并没有得到根本解决。过了近 100 年后，美国许多州居然仍在实行"种族隔离制"。在该制度下，广大黑人不但无法享受与白人同等的社会权利，还要忍受白人的欺压和歧视，这一问题也成了美国社会的"毒瘤"，黑人与白人之间的矛盾日益激化。正是在这样的时代背景下，美国出现了一位伟大的黑人民权领袖——马丁·路德·金。

　　马丁·路德·金 (1929 ～ 1968 年) 出生于佐治亚州亚特兰大市的一个黑人牧师家庭，这在黑人当中属于中等阶级家庭。马丁·路德·金从小就受到家庭的熏陶，接受了系统的神学教育。15 岁时，聪颖好学的马丁·路德·金以优异成绩连跳两级，从高中毕业，进入摩尔豪斯学院学习，成为院长梅斯博士的高材生。当时正值美国战后经济发展的巅峰时期，然而在国内，曾经在战争期间维护过民主事业的黑人却在经济和政治上受到歧视和压抑。面对这一现实，年仅 17 岁的马丁·路德·金立志为社会平等与正义做一名牧师。1949 年，他进入著名的克拉泽神学院学习两年，获得神学学士学位，随后又进入波士顿大学攻读宗教学和教理神学，获得神学博士学位。在大学期间，他接触和研究了包括马克思、列宁、柏拉图、卢梭、尼采、甘地等人的多种思想，并逐步形成了自己独到的理论基础，尤其是信仰人的尊严和价值、基督教的普遍仁爱、甘地的不合作精神，构成了他的思想基础和行动准则。马丁·路德·金认为，无论是男人还是女人、黑人还是白人、富人还是穷人，人人生而平等。他主张公正无私的爱、普遍的爱，爱一切人，甚至要爱敌人。基于上述理念，马丁·路德·金对美国的种族歧视深恶痛绝，决心以自己的实际行动去改变这种现状。

1955 年，年仅 26 岁的马丁·路德·金成为蒙哥马利市德克特斯特街浸礼会教堂牧师。就在这时，美国历史上一件具有深远影响的事发生了。1955 年 12 月，一位名叫 42 岁的黑人妇女罗莎·帕克斯在乘坐蒙哥马利市公共汽车公司的汽车时，因拒绝给一位白人男子让座，竟被警察以"擅占白人专座"的罪名拘捕，判处 14 天监禁或罚款 14 美元。消息一经传出，立即激起广大黑人的义愤，他们纷纷起来进行抗议游行。在马丁·路德·金和其他黑人领袖组织的"蒙哥马利改进协会"的号召和领导下，近 5 万名黑人展开了声势浩大的抵制公共汽车运动，这同时也揭开了持续十余年之久的黑人民权运动的序幕，而马丁·路德·金则迅速成为整个运动的领袖。结果，抵制乘车运动持续了整整一年，使那家汽车公司损失惨重，难以维持。1956 年，在民权运动的压力下，美国最高法院不得不判决取消地方运输工具上的座

马丁·路德·金在马里兰州巴尔的摩与群众见面

马丁·路德·金在阿拉巴马州的伯明翰

马丁·路德·金在 1963 年 8 月的一次华盛顿示威集会上发表演讲《我有一个梦想》。

位隔离制，并宣布在公共汽车上实行种族隔离违反宪法。在马丁·路德·金等人的领导下，美国黑人第一次以自己的力量取得了斗争的胜利。

以蒙哥马利市为发源地，美国黑人争取彻底的种族平等和公民权利的斗争迅速席卷全国。1957 年 1 月，为了在初期统一组织和行动，有效地把民权运动推进下去，60 位黑人牧师在亚特兰大组成了"南部基督教领袖联合会"，马丁·路德·金因其巨大的威望而被推举为该大会主席。从此，为了正义与和平，马丁·路德·金就不断往返于美国各大城市，四处奔走呼号。他主张运用非暴力的方式为黑人争取权益，认为只要一个国家的立国理念是人道、自由的，即使由于历史的原因，还存在许多暗角，人们对平等、正义的诉求迟早会取得胜利。在他的领导下，民权运动取得了一系列辉煌成果。

1960 年 1 月 31 日，在北卡罗来纳州格林斯博罗市，一名黑人大学生到一家连锁店买酒时遭到拒绝，理由是"我们不为黑人服务"。于是，马丁·路德·金发起"入座运动"，其做法是：平静地进入任何拒绝为黑人服务的地方，礼貌地提出要求，如得不到满足就不离开。结果不到 2 个月，该运动就席卷了美国南部 50 多座城市。在行动中，广大黑人参加者打不还手，骂不还口，服装整洁，头发一丝不苟，以最有尊严的目光请求服务，得不到服务，就坐下来读书，即使遇到嘲弄和侮辱，也不卑不亢。在起初，许多人在运动中被捕，但马丁·路德·金再次发出"填满监狱"的号召。就这样，美国南部的几十家联合商店分别在 1960 年和 1961 年取消了便餐部的种族隔离制。

1963 年，为了使世界人民关注美国种族隔离问题，马丁·路德·金会同其他民权运动领袖组织发起了历史性的"向首都华盛顿进军"的运动，要求职业和自由。1963 年 8 月 28 日，在华盛顿广场林肯纪念堂前举行的规模浩大的黑人集会上，马丁·路德·金于发表了他举世闻名的演讲——"我有一个梦想"。在演讲中，马丁·路德·金向人们描述了他梦想中的美国："我有一个梦想，希望有一天，这个国

1963 年 8 月 28 日，华盛顿广场林肯纪念堂前，30 万群众聆听马丁·路德·金的演讲。

马丁·路德·金（右）与总统林登·约翰逊谈判

马丁·路德·金于 1966 年 1 月 26 日搬进芝加哥贫民窟一套 4 个房间的公寓。金决定亲身体验一下贫民窟的生活，为他大规模开展反对贫民窟运动作准备。

家终将会站立起来，真正履行她的信条：我们认为所有人生来平等是不言自明的真理；我有一个梦想，总有一天我们能将种族不和的喧嚣变为一曲和睦的乐章。在佐治亚州红色的山丘上，昔日奴隶的子孙和昔日奴隶主的子孙同坐在友爱的桌旁，一同祈祷；我有一个梦想，希望有一天……" 他的演讲在全世界都引起了极大的反响。当天，肯尼迪总统邀请他到白宫做客。1964 年，由于巨大的国际威望和在争取民权方面的贡献，35 岁的马丁·路德·金被授予诺贝尔和平奖，成为最年轻的诺贝尔奖得主，并被誉为"世界有色人种的榜样"。在奥斯陆的颁奖大会上，他的发言又极大地影响了欧洲各国人民。他说："我们现在任重而道远。但我认为，重要的是我们正在不断地进步。"他还宣称："总有一天，地球上所有的人都会看到人与人之间和平相处，宇宙的哀号将变成友爱的诗篇。"

的确，马丁·路德·金所从事的事业是一条漫长的道路。在南部，种族隔离和种族歧视依旧存在。为了维持现状，当地政府采取各种方式进行镇压。为了黑人的自由，马丁·路德·金本人也多次遭到迫害，先后被当局以种种罪名 14 次逮捕入狱，几乎坐遍了美国南方的所有监牢。但是，这一切都没有动摇马丁·路德·金的斗争决心，他坚信黑人群众赤手空拳能够同全副武装的军警对抗，能够在白人的石块和辱骂声中前进。在这一运动影响下，包括广大白人在内的美国社会各界都强烈要求实现种族平等并结束种族歧视。1964 年，在各方压力下，美国国会通过了非常重要的民权法案，授权联邦政府取消公共膳宿方面的种族隔离，宣布在公营设备方面和就业方面的种族歧视为非法。为了纪念这一历史时刻，时任总统的林登·约翰逊向马丁·路德·金赠送了纪念钢笔。

然而，就在马丁·路德·金为实现他的梦想而不懈努力的时候，一起针对他的凶残阴谋正在策划之中。1968年4月4日，当他在孟菲斯一家小旅馆停留时，突然被一颗子弹击中，一代民权领袖，就这样永远地离开了人世。

马丁·路德·金死后，美国社会一度陷入混乱，愤怒的黑人掀起的暴乱席卷了许多城市，导致几百人伤亡，另有2万多人被捕入狱，而曾经一度辉煌的民权运动也陷入了停顿，这使人们更加认识到马丁·路德·金的价值所在。马丁·路德·金死后，美国政府为了纪念这位伟人，将他的生日定为美国的联邦节日，而历史上，能够受到这种待遇的只有两人，另一位是美国国父乔治·华盛顿。

阳台枪声：莫名其妙的凶犯

1968年4月，马丁·路德·金和他的追随者前往田纳西州孟菲斯市，支持清洁工人争取同工同酬的大罢工，下榻于洛兰旅馆306房间。4月4日下午6时左右，当和几名助手在共进晚餐后走到阳台上时，突然从对面传来一记枪声，随即，马丁·路德·金用手捂住自己的脖子，慢慢地仰面倒下。几分钟后，一辆白色救护车急驶而来，可惜为时已晚。晚上7时零5分，医生宣布，由于子弹炸开了大动脉血管，切断了颈髓，马丁·路德·金与世长辞，年仅39岁。据说，早在1964年约翰·肯尼迪遇刺身亡之时，马丁·路德·金就曾对妻子说过："在我身上将发生同样的事。我已经对你说过，这是一个病态的社会。"在1968年，他有了可能丧命于某种黑手之下的预感，所以他在演说中就曾提到："人们在议论，我们病态的白人兄弟可能对我干些什么。我不知道可能发生什么事。我与所有人一样，希望活得长久。长

凶手詹姆斯·厄尔·雷

马丁·路德·金被刺现场

图中（右）为洛兰旅馆306房间的阳台，三人手指方向为凶手射击位置。

寿自有好处。但是，死亡也并不使我着慌。”

马丁·路德·金遇刺后，愤怒的人们强烈要求美国司法部门和联邦调查局迅速查明案件的真相，及时将凶手捉拿归案。在舆论的压力下，美国警方和联邦调查局特工展开了调查。4月5日凌晨，联邦调查局就宣布他们已掌握了破案线索。

经查，袭击马丁·路德·金的枪声来自洛兰旅馆对面的一家出租公寓。据经营出租公寓的布鲁尔太太说，4月4日下午3点15分，一名穿戴入时的青年人用约翰·维拉尔德的名字为自己租下二楼一个窗户对着洛兰旅馆的房间，并预付了一周租金，但他晚上6点后就失踪了。另一位临时住户也对警方说，枪响后，他立即看到有人手拿什么东西匆匆离开了二楼浴室，他还描述了此人的外貌，联邦调查局立即根据他的描述画出了此人的模拟肖像。不久，公寓附近的游艺场老板证实：枪响后，一个身穿深色衣服的人扔下一个包袱，驾着一辆白色“野马”牌汽车飞驰而去。循此线索，警方发现了一个被人丢弃的旅行袋，内有衣物、一架望远镜及一支雷明顿公司造的760型“打猎能手”式步枪等物。经鉴定，警方在4月8日宣布，那支雷明顿步枪的购买者登记名为埃里克·斯塔尔沃·高尔特，购枪地点是亚拉巴马州伯明翰市海空军需公司的商店，购枪时间是1968年3月30日，与约翰·维拉尔德很相似。4月20日，联邦调查局终于宣布，根据步枪上的手纹鉴定，无论4月4日下午在布鲁尔太太那儿借宿的约翰·维拉尔德，还是 3月30日在店铺中购买那支雷

1968年4月，为马丁·路德·金举行的葬礼。

明顿步枪的埃里克·斯塔尔沃·高尔特，事实上就是同一个人，真名为詹姆斯·厄尔·雷。联邦调查局断然肯定：詹姆斯·厄尔·雷就是真凶。

詹姆斯·厄尔·雷，1928 年出生，伊利诺伊州人，1946 年应征入伍，在联邦德国服役，后提前退伍。退伍后，他长期失业，

马丁·路德·金的送葬队伍

又因盗窃、抢劫等罪行入狱被判处长达 48 年监禁。1967 年 4 月，他孤身一人越狱成功，不到一年后，就再次犯下刺杀马丁·路德·金的罪行，并成功逃脱。直到 1968 年 6 月 8 日，詹姆斯·厄尔·雷才在伦敦机场候机厅被抓获。据说美国联邦调查局竟为此先后投入了 3014 名特工人员，累计行程 50 万英里，花费了 140 万美元资金。

凶手被抓获了，但是，人们不禁要问，雷的杀人动机是什么呢？因为事实表明，尽管有过盗窃和抢劫等罪行，该犯并没有暴力摧残他人肉体的记录。为了向公众有所交代，联邦调查局提供了一些所谓的"线索"。他们认为，正是因为其顽固的种族隔离立场，才导致雷向马丁·路德·金下了杀手。据说，1955 年，雷在堪萨斯州利文沃思堡联邦监狱服刑期间，曾拒绝转到荣誉监狱，因为那里不实施种族隔离制度；在密苏里州监狱时，他还曾对一个同狱犯说过，这座监狱的黑人囚犯统统"应该杀掉"；另据说他曾表示，如果赏格优厚，他愿意去杀死金博士。总之，调查人员认为雷是一个极度仇恨黑人的种族主义者，并断定他是出于自命不凡和利益驱动的心理而从事暗杀活动。联邦调查局还判定：仇恨黑人，认为民权运动是颠覆活动的雷极有可能认为，把马丁·路德·金式的人物从世界上消灭掉是自己的"义务"。

但是，联邦调查局的这种分析从一开始就引发了人们的疑问。因为记录表明，雷其实只是一个笨拙的罪犯，但他在刺杀行动后，又如何能天才般地逃脱警方的抓捕？而且他还曾先后冒用几个姓名，堂而皇之地手持这几个假名的证件周游各地？这的确让人不可思议。那么真实的情况又是怎样的呢？

1968 年 10 月底，就在对詹姆斯·厄尔·雷进行开庭审判的前夕，在美国亚拉

马丁·路德·金的遗孀（左三）在葬礼上

巴马州一份名为《展望》的杂志上，刊登了一篇由作家威廉·休伊撰写的文章。由于该文章披露了有关于马丁·路德·金遇刺事件的许多内幕，并预告将刊出连载，立即引起了广大读者的极大兴趣，使该杂志的销量大增。

威廉·休伊的文章是在向雷支付了4.7万美元后，根据后者的自述写成的。雷声称，他在1967年越狱后，遇到一个名叫劳尔的古巴人。劳尔向雷许诺，只要完成他交代的若干任务，就会得到给他一大笔钱。于是按照劳尔的吩咐，雷设法搞到驾驶执照，花了2000美元买了一辆"野马"牌汽车，最后又在蒙哥马利市买了一支雷明顿步枪，并于1968年4月4日驾着"野马"来到了孟菲斯市。他严格地执行劳尔的命令，在布鲁尔太太的出租公寓租下了5号房间。这个房间与浴室毗邻，从浴室窗口能清楚看到洛兰旅馆的阳台，而且正好是306号房门所在的位置。由于文章建立在第一手资料的基础上，人们都对此充满了兴趣，据说原本不景气的《展望》杂志当时的发行量竟达到了100万份。然而，就在作者即将谈到马丁·路德·金如何在4月4日被害的第三篇文章之前，出人意料的事情发生了：报纸刊出消息称文章不再发表，这在当时实在是难以理解的。当记者们去找作者威廉·休伊，以弄清连载文章夭折的真相时，休伊先是长时间不愿接见记者，拒绝回答他们的问题，后又干脆表示他认为雷是单独作案的，所谓劳尔是编造的。但是休伊的回答显然漏洞百出，因为他不可能在短暂的时间获得任何意外的补充材料，从而全盘否定了自己的观点。答案只能是：有人迫使休伊推翻密谋作案的结论，并定下雷单独作案的论调。那么这个人又是谁呢？

尽管休伊的第三篇文章没有发表，但实际上已经写完，并在编辑部被十几人看过。所以，有关这篇文章内容的消息仍然被透露了出来。雷是这样叙述的：他奉命在洛兰旅馆对面的布鲁尔太太出租公寓租了一个房间，然后，劳尔来到这个房间，而雷则按他的命令下了楼；枪响片刻之后，劳尔匆匆奔到"野马"车前，途中把装有步枪的口袋扔在人行道上，钻进汽车，躺在后座前的地板上，连头带身子用垫子盖住，而雷则驾驶汽车向市区北部疾驶；后来，劳尔就下了车，从此消失了。

看来，要想彻底了解事情的真相，唯一的途径就是对雷进行审判了。

一波三折的审判：到底谁是密谋者

1968 年 11 月 12 日，在马丁·路德·金遇刺半年之后，孟菲斯法庭终于决定对詹姆斯·厄尔·雷正式进行审判。然而意外再次发生。就在开庭的前一天晚上，雷突然宣布更换辩护律师。对此，孟菲斯司法部门的解释是，这个决定完全是由雷本人做出的，没有任何人向他施加任何压力。然而人们仍然对这个变故产生了很多疑问，首先，新律师必须从头开始工作，熟悉侦查材料，进行核查，并从中得出自己的结论，这将耗费半年多的时间；其次，雷所更换的是著名律师珀西·福尔曼，其所需的不菲律师费又是从何而来？

经过多次延期审判，最后开庭的日期终于确定在 1969 年 3 月 10 日，然而不可思议的事情再次发生了。就在开庭的前一天，孟菲斯司法当局宣布，公诉方和辩护方已达成协议：雷承认自己有罪，作为交换，他将不坐电椅，而是坐 99 年牢。在第二天的审判中，公诉人宣称雷是单独作案，还赞扬了被告主动认罪的配合态度，最后表示同意以 99 年徒刑代替电椅。结果，陪审团也一致通过了 99 年徒刑的方案。更让人生疑的是，在雷在被送进监狱后的 29 年当中，曾先后 8 次上诉，声称自己是在被人胁迫和诱骗下才认罪的，并请求法庭重新审理此案，但当局根本就不予理会。最终，雷在狱中死于肝癌。

对雷的审判草草结束后，立即就招来人们的一致怀疑。尤其是马丁·路德·金的家人对法院的判决非常不满，他们认为杀害马丁·路德·金的不仅仅是凶手一人。马丁·路德·金的夫人科列塔·金在获悉孟菲斯法院的判决后说："决不能让认罪掩盖犯罪过程，也不能以认罪来终结对谁帮助扣动枪机的侦查。一切对这起凶杀案并非无动于衷的人，都应该要求田纳西州和联邦政府继续侦查，直到查清所有参与这件罪行的人。"迫于舆论压力，1978 年，在马丁·路德·金被害 10 年后，美国国会对该案重新进行了专门调查，据说收集的材料达数 10 万页之多，总结报告长达 800 页。最终，国会也得出了马丁·路德·金是死于密谋的新结论，但同时又表示无法查明密谋的具体参加者。不过，这一说法没有被美国政府采纳。

1986 年 8 月 1 日，监狱中的雷与美国《进步》月刊记者约翰·伊杰尔顿进行了 3 个小时长谈，据说他当时曾表示，自己很可能只是联邦调查局的替罪羊。另据了解相关内幕的联邦调查局前特工阿瑟·马塔赫披露：当时的联邦调查局局长胡弗就无情地渴望从肉体上消灭马丁·路德·金。1995 年，一个名叫佩珀的美国人在花了近 20 年时间的调查后，首次提出：很有可能是黑手党、联邦调查局、中情局以及军方人士共同策划了暗杀马丁·路德·金的阴谋。

20 世纪 90 年代以来，由于多次有人出来作证，提出各种爆炸性的观点，使得马丁·路德·金遇刺案再次成为人们所关注的热点。

1993 年，孟菲斯一家餐馆的退休老板劳埃德·乔尔斯突然在电视上承认，他就是马丁·路德·金遇刺案的主谋，还提到有人给他 10 万美元要他暗杀金。乔尔斯还详细描述了 1968 年 4 月 4 日暗杀马丁·路德·金的当天，他挑了一个射击角度好的房间，并选中孟菲斯的一名枪法好的警官刺杀金。在社会各界的压力下，孟菲斯一家地方巡回法庭的陪审团开始审理马丁·路德·金家属对乔尔斯提出的民事诉讼案。由 6 名白人和 6 名黑人组成的陪审团最终裁定：73 岁的退休餐馆老板劳埃德·乔尔斯雇用孟菲斯警官谋杀了马丁·路德·金。但是，1998 年 8 月 26 日，美国司法部长雷诺下令对此案再次调查。经过长达 18 个月的调查后，司法部宣布没有找到令人信服的证据证明马丁·路德·金被害是一场阴谋，并推翻了乔尔斯提

出的阴谋论。对于司法部公布的调查结果，马丁·路德·金以及雷的家人都表示拒绝接受。正如雷的兄弟杰里·雷在接受采访时所说："马丁·路德·金的家属认为我的哥哥是无辜的，大多数美国人也是这样认为的。"

不久，新的情况发生了。1999年，美国一个陪审团裁定，1968年遇刺的黑人民权领袖马丁·路德·金的死，是多种势力的惊天刺杀阴谋，而不是由枪手单独策划的。他们认为该刺杀案过于复杂，很难由一个人作案，显然是有预谋的。

就在5年前，2002年4月，美国佛罗里达州的一名牧师对《纽约时报》记者透露，自己1990年去世的父亲就是杀害马丁·路德·金的罪魁祸首。这位牧师名叫威尔逊，今年61岁。他介绍说，其父亲亨利是一个3人小组的头目，而正是该小组在1968年枪杀了马丁·路德·金。至于其动机，威尔逊称，亨利虽然不是种族主义者，但他认为马丁·路德·金与共产主义有联系，因此必须要将他除掉。威尔逊说，其父亲生前曾经反复强调，杀掉马丁·路德·金是一个热爱美国的人应该做的事，为了挽救整个国家的前途命运，自己有责任这样做。虽然这条新闻足以轰动世界，不过威尔逊并没有对自己的说法提供任何其他证据。针对这一新情况，美国联邦调查局已迅速与威尔逊进行了接触。不过，由于事情太过复杂，有关马丁·路德·金遇刺案的真相大白，恐怕我们还要耐心地等待。

推荐阅读　① （美）菲利普·梅兰森、卡尔·奥格尔斯比著，陶昱译：《谁杀害了他们》，四川人民出
版社，2004版。

② 何言编著：《黑人之魂——马丁·路德·金》，北京图书馆出版社，1997版。

③ 王道余编著：《我有一个梦想：马丁·路德·金的故事》，福建少年儿童出版社，1995版。

1965年3月马丁·路德·金参加的从塞尔马到泰哥马利抗议进军队伍的领头部分。

尼克松发表辞职声明

13

美国政治丑闻:
水门事件真相

　　水门,一座位于美国首都华盛顿的综合大楼。1972年6月17日清晨,据称是共和党所指派的5名"暗探",闯入了数十年来一直设在此处的民主党全国总部办公室,在他们企图窃听民主党参加大选的情报时被发现,随后遭到逮捕。事件一经发生,美国舆论顿时哗然。这一事态最终导致时任美国总统的共和党人尼克松辞职,从而也使其成为美国有史以来任期未满而被迫辞职的第一位总统,这就是曾震惊全世界的"水门事件"。不过,作为美国历史上最为严重的政治丑闻,该事件显然隐藏有种种内幕,而绝不可能像表面上看起来那样简单。

扫码获取更多资源

1973 年 1 月 26 日，尼克松在庆祝连任成功的就职舞会上向他的支持者致意。

举世震惊的水门丑闻

　　理查德·米尔豪斯·尼克松，美国共和党人，在 1968 年的美国大选中，他击败民主党人汉弗莱和独立竞选人华莱士，当选为美国第 46 届总统，1972 年又连任第 47 届总统。对于中国人民来说，尼克松是一位非常特殊的美国总统。1972 年 2 月，为了打破中美之间数十年的坚冰，尼克松毅然决定访华，成为访问中国的第一位美国总统。访华期间，他受到了中国人民的热烈欢迎，并与毛泽东、周恩来等进行了历史性的会见。2 月 28 日，中美联合发表了著名的《上海公报》。尼克松的这一大胆举动立即震惊了世界，同时也为打开中美关系大门及改善和发展中美两国关系做出了重要贡献。退出政坛后，尼克松一直过着隐居式生活，并从事政治著作的写

潜入水门饭店的麦科德（左上）和 4 名古巴人

作，先后出版有《尼克松回忆录》、《1999：不战而胜》、《超越和平》等著作。1994年4月22日，尼克松因突患中风，在纽约康奈尔医疗中心逝世，享年81岁。

记录有官员的名字和电话号码的通讯本

共和党特工的证物 | 水门事件中从被抓的特工身上搜到的物品。

然而，中国人眼中的杰出政治家，在美国心目中，却因为轰动一时的"水门事件"而使其形象大受影响。1974年8月，正是由于这一事件，迫使正在任期中的尼克松狼狈地宣布辞去总统职务，这在美国历史上可是绝无仅有的。

1972年，时任美国总统的尼克松为了在下一届总统竞选中获得连任，成立了专门的"争取总统连任委员会"，并任命自己的好友、司法部长约翰·米切尔担任主席。委员会为这一次竞选制定了一整套的行动方案，其中就包括偷拍文件和窃听。在执行窃听计划时，委员会安全顾问麦科德雇用了4名古巴流亡者当自己的助手。民主党全国委员会总部设在水门大厦六楼，这里理所当然地成为他们窃听的目标。1972年5月30日，麦科德等实施了第一次窃听行动。但意想不到的情况使第一次窃听毫无结果：安装在民主党总部两部电话上的窃听器，一个不知因何故障失灵，一个虽然窃听了200个电话，却没有丝毫价值。

1972年6月17日，麦科德又开始行动了。他在水门大厦对面的旅馆安排了负责望风和窃听的人，又在水门大厦二楼的某个房间安置了指挥联络人。午夜零点左右，麦科德和4个古巴人进入大厦。为了方便出入，麦科德用透明胶布粘住了大厦门锁的锁舌。他万万没有料到就是这块小小的胶布让他的行动毁于一旦。大厦的门卫发现了被粘住的锁舌然后打了报警电话。就在麦科德和4位助手在民主党总部办公室里忙着安装窃听器、四处翻阅和拍摄文件时，一辆没有任何标记的车停在了水门大厦门前，3名便衣警察进入了大厦。对面旅馆望风的人虽然看到了他们，却没有意识到他们是警察。当警察破门而入时，麦科德等人还在全神贯注地工作着。

事情发生后，水门事件与白宫还没有联系到一起。"争取总统连任委员会"立

要求弹劾尼克松的示威人群

《纽约时报》有关"深喉"的报道

刻发表声明：麦科德只是被雇用来协助委员会装置安全系统的，此外再没有其他使命。委员会还强调：麦科德等人"既不是为我们干的，也不是经我们同意的"，"我们绝不会允许或纵容这类活动"。但他们没有料到的是，一位化名"深喉"的知情人将一条重要线索透露给了《华盛顿邮报》的两位记者鲍勃·伍德沃德与卡尔·伯恩斯坦：被逮捕的古巴人随身携带的通讯本上有白宫官员的名字和电话号码。随后他们又查知，尼克松的竞选官员曾将 25 万美元的竞选费用转到了在水门被当场抓住的其中一个古巴人的账户上。于是，一篇篇揭秘文章在《华盛顿邮报》刊出，顿时引起了举世震惊。不论约翰·米切尔如何表白，许多人认定"夜闯水门"与白宫必定有牵连。总统本人对此事究竟是否知情呢？

眼看局面对自己越来越不利，尼克松无奈之下同意了手下提出的一个方案，即让涉案中的一人承担全部罪名，以使局势暂时缓和下来。不料在此紧要关头，尼克松的亲信米切尔却后院起火。米切尔夫人为了让丈夫摆脱政治羁绊，以便有更多的机会和时间在家里陪着她，宣称她那里有一本手册，里面详细记载着"夜闯水门"

的预定计划，而她本人也了解整个事件的全部细节等。此言一出，米切尔果然于1972年7月1日辞去了"争取总统连任委员会"主席的职务。

面对种种打击和挫折，尼克松使出了浑身解数来摆脱水门事件给他制造的麻烦。1972年7月，美军终于从越南撤军，基本上结束了美国无限期地卷入越南的武装冲突；接着尼克松采取果断措施，成功制止了因越南战争而引起的持续性通货膨胀，在控制国内工资和物价的同时，为了阻止美元外流，又降低了美元与外币的兑换率。这一系列措施无疑给尼克松带来了巨大的好处，让他得以扳回劣势。在1972年11月7日举行的大选中，尼克松获得了决定性的胜利，连任第38届美国总统。轰动一时的水门丑闻似乎就这样不了了之了，美国民主党也只能吞下这颗苦果。当场被捕的那些人，也在开庭之后分别以1万～5万美元的保释金取保释放。

不久后，尼克松连任后对内阁进行的改组激怒了他的政治对手，使得水门事件再一次成为大家关注的焦点。1973年1月8日，"夜闯水门"的那些人被重新收审。3月20日，麦科德写信给联邦法院承认："被告们都曾受到政治压力，要他们承认有罪，并保持缄默。我担心有人向我的家人采取报复措施。"这封信一公布就引起了轩然大波，公众对此事也兴趣大增。不久白宫法律顾问、国内事务助理约翰·迪安向司法部门自首，并在1973年6月25日水门事件委员会的听证会上作证：尼克松曾亲自参与掩盖"夜闯水门"一事。

1973年7月16日，尼克松的前助手亚历山大·巴特菲尔德向参议院特别调查委员会透露，从1970年以来，尼克松就在白宫的办公室里安装了录音装置，以便把自己同所有人的谈话都录下来。于是水门事件的检察官考克斯要求尼克松交出录音以供检查，但遭到拒绝。1974年7月24日，美国最高法院以8比0通过裁决：尼克松无权扣留刑事诉讼中的证据，并下令总统必须交出录音带。无奈之下，尼克

1973年5月18日，美国国会就"水门事件"举行听证会。

绝望的尼克松出现在电视媒体上

松只得将录音带交给了法官。随后法官发现，有一盘录音带上的18分钟的录音被人为地洗掉了！而这盘录音带正好录自水门事件发生后的第三天，即1972年6月20日，谈话人是尼克松和他的办公厅主任。于是最高法院又一次下令，要求尼克松将其所有的录音带全部交出。这一次法官们在录音带中找到了尼克松参与掩盖水门事件真相的直接证据：在1973年6月23日的一盘录音带中，尼克松同办公厅主任讨论如何"让中央情报局压倒联邦调查局，使这次调查不能进行"，总统甚至粗暴地嚷道："我才不在乎发生了什么呢！我要求你们给我保密……不管是掩盖事实还是其他什么手段，只要能保住密，就那样干！"情况的发展已经使尼克松别无选择，为了避免弹劾，1974年8月8日上午11点，尼克松在白宫宣布辞职。美国设置总统职位185年以来，还是第一次出现现任总统任期未满而在如此不光彩的情况下被迫辞职的情况。

　　30多年后，一位尼克松总统昔日的高级助理透露：正是尼克松本人下令闯入水门大厦进行窃听活动的。这位名叫杰布·斯图尔特·麦格鲁德的昔日白宫高级助理，当年曾经指证下令闯入水门大厦内窃听和偷拍情报的是约翰·米切尔，并因涉嫌在揭穿"水门丑闻"中密谋作伪证而被判入狱7个月。根据麦

1974年，尼克松乘飞机回加利福尼亚。登机前，他向欢送他的人挥手致意。

格鲁德的说法，他曾在 1972 年 3 月 30 日同米切尔会面，并与 FBI 的一名特工戈登·利迪讨论了闯入民主党总部，窃听其主席布瑞恩电话的计划。米切尔随后与总统通了电话，虽然麦格鲁德没有听到尼克松讲的每一个字，但却听到了"最重要的"——"约翰……我们需要获得有关布瑞恩的信息，而我们唯一的办法就是按照利迪的计划行事，我们需要那样做。"由于尼克松说话的声音非常独特，所以他相信自己听到的绝对是总统本人的声音。挂了电话之后，米切尔让他通知毛利·斯坦丝（尼克松的商业秘书，后来出任金融委员会的委员长，负责为尼克松二次竞选筹集资金）给利迪 25 万美元。照他所说，尼克松自始至终都对"水门丑闻"了如指掌，而不仅仅是事后掩盖，但这一新说法却遭到一些历史学家的怀疑。研究尼克松白宫录音带的专家斯坦利·库特勒把这称为"一个可疑人物所说的可疑的话"。他是研究尼克松白宫录音带的专家，而这些录音带正是 1974 年白宫司法委员会建议投票对总统尼克松进行弹劾的重要证据，在那次投票以后尼克松就被迫辞职。库特勒说，如果尼克松和米切尔之间确实有麦格鲁德所说的那样的电话交谈，白宫应该保存有这样的记录，但是他却没有发现任何尼克松说"闯进水门，窃听电话"的录音。如今米切尔、斯坦丝和尼克松都已经作古，谁又能揭开尘封已久的历史真面目呢？

神秘的"深喉"

《华盛顿邮报》记者鲍勃·伍德沃德（左）和卡尔·伯恩斯坦（右）

在"水门事件"中，有一个人一直深受公众的关注。就是这个人，抖搂出了美国历史上最为严重的政治腐败内幕，对美国的政治体制提出了严峻的挑战，并把一位现任的总统赶出了白宫。同时，也正是这个人改变了美国的新闻业，使秘密的消息来源从此得以登上"大雅之堂"。他就是向《华盛顿邮报》记者提供"水门事件"关键线索的神秘幕后核心人物——"深喉"。他到底是谁？作为美国民众"最熟知的匿名者"，他的真实身份一度成为美国新闻史上最大的谜团。

鲍勃·伍德沃德和卡尔·伯恩斯坦收到有关"水门事件"的消息后兴奋不已

"深喉"究竟何许人也，《华盛顿邮报》一直拒绝透露有关此人的任何消息。当时的知情者据说只有4个人：《华盛顿邮报》的两位记者鲍勃·伍德沃德与卡尔·伯恩斯坦、《华盛顿邮报》前执行编辑本·布拉德利，以及"深喉"本人。在《华盛顿邮报》上，许多关于"水门事件"的报道使用的都是不署名的消息源，时任《华盛顿邮报》总编的西蒙斯引用了当时一部颇具知名度的色情电影——《深喉》的片名作为告密者的化名。从此以后，"深喉"也成为这种秘密报道的代名词。

告密者为何如此害怕自己的身份被揭穿？在美国社会里，"告密者"显然是不受欢迎的，这大概也是"深喉"最为担心的，世人究竟会给自己冠以怎样的名号，是揭露真相的英雄，还是绊倒总统的叛徒？在谜底未揭晓以前，答案是无法预想的。也许正是基于这种担忧，虽然最初揭露"水门事件"的《华盛顿邮报》的两位记者将与当年事件有关的一些秘密文件部分曝光，但"深喉"其人的身份却一直处于保密状态。当然，这丝毫阻挡不了世人对"深喉"到底是谁的种种猜测。

弗雷德·拉吕，在水门事件中被称为"皮包人"。由于密闯水门大厦行动的谋划地是在尼克松总统在佛罗里达的度假地，而拉吕本人当时就在其中。人们以此为由推断拉吕有可能是"深喉"，而弗雷德·拉吕则对此大喊"冤枉"。后来，拉吕因被指控妨碍司法公正而被判入狱四个半月。此人于2004年7月28日去世。

当年的联邦调查局执行局长帕特里克·格雷因为符合鲍勃·伍德沃德在书中的描述，而且能够在"接头时间"出现，因此也成为怀疑的对象，被认为是最有可能的"深喉"。1973年，参议院曾考虑提名格雷为联邦调查局的正式局长，但他却退出了竞争，自动提出辞职，这当然留给世人无限遐想。目前，格雷是美国康涅狄格州新伦敦县一家律师事务所的合伙人。

此外，人们曾经把怀疑的目光对准尼克松总统办公厅主任黑格、前国务卿基辛格、总统演讲稿撰写人帕特里克·布坎南乃至前总统老布什。

《华盛顿邮报》的记者鲍勃·伍德沃德能够获得如此之多的内幕消息，那么"深喉"很有可能就是埋伏在尼克松总统身边的人。由于"水门事件"中有数位尼克松政府的高级官员包括总统的特别助理在内都被牵连其中，被判入狱，最后就连总统本人也被迫辞职，而总统办公厅主任黑格和国务卿基辛格却在"水门事件"中全身而退了，于是人们便把怀疑的目光盯在了他俩的身上。

在众多的嫌疑人中，最令人惊讶的当数美国前总统老布什了。2005年2月，美国《纽约邮报》爆出猛料：一名研究"水门事件"的美国专家哈维尔称，"水门事件"中出卖尼克松的神秘"深喉"就是老布什。哈维尔还指出，老布什和《华盛顿邮报》记者鲍勃·伍德沃德具有非常相似的背景，比如两人都曾在美国海军服过役，都是耶鲁大学的毕业生等。

尽管出现了这么多疑似"深喉"的人，但毕竟都只是世人的怀疑和猜测罢了。30多年过去了，蒙在"深喉"身上的神秘面纱不仅没有消退，反而因时间的久远而愈加朦胧了。

最新消息："深喉"浮出水面

美国当地时间2005年5月31日，美国《名利场》杂志终于将这一悬案的谜底曝光，美国联邦调查局前副局长马克·费尔特在接受该杂志记者约翰·D·奥康纳的采访时亲口承认："我就是那个被称为'深喉'的人。"这一自白也终于让"水门事件"神秘线人的身份水落石出了。接着，鲍勃·伍德沃德与卡尔·伯恩斯坦也通过《华盛顿邮报》发表了一份官方声明，确认马克·费尔特就是"深喉"。为什么时隔30多年后，费尔特才承认自己的"深喉"身份呢？

现年91岁高龄的费尔特与女儿一起居住在加利福尼亚州圣罗莎市。究竟是把秘密带进坟墓，还是有朝一日公之于众？费尔特称自己经过了艰难的思想斗争。早在1999年，感觉身体每况愈下的他就曾郑重其事地告诉自己的密友、社会活动家伊微特·拉加德："我就是让尼克松下台的'深喉'。"拉加德当时为之目瞪口呆。尽管拉加德发誓要为好友保密，但在2002年，他终于忍不住将真相告诉了费尔特的女儿。随后，费尔特警告女儿和儿子小马克必须保守秘密，否则就"断绝关系"。2005年年初，由于身体状况越来越差，意识到自己时日无多的费尔特约见了自己的律师约翰·奥康纳，向他咨询联邦调查局会怎样看待"深喉"——是高尚的人，还是告密小人。费尔特担心一旦秘密公开，自己的声誉将会受到影响，说不定还会受到法律制裁，所以他坚持要把这个美国历史上最大的政治秘密带进棺材。但他最终没能抵挡住儿女们的劝说，决定将自己就是"深喉"的事实公告天下。

其实早在1974年，一份美国杂志就曾将"深喉"锁定为费尔特，但立即遭到了他的全盘否认，并声称要告上公堂。而今，费尔特却又亲口推翻以前的表态。那么，作为联邦调查局的二把手，费尔特当年为什么要出卖尼克松呢？《名利场》杂志在报道此事时认为，主要有两个方面的原因：

第一，白宫与联邦调查局积怨已深。"水门事件"的曝光并不是一件偶然的事情，而是有其根本原因的，可以说是多年的矛盾激化的结果。当年，白宫和联邦调查局的关系就不和。据费尔特本人讲，1971年，尼克松总统为了查出是谁将政府与苏联的战略武器会谈的消息透露给《纽约时报》，决定通过窃听器找出泄密者，但联邦调查局对此种做法表示出了不同意的态度。这件事使得尼克松政府与联邦调查局的关系更趋恶化，并导致尼克松转而向中央情报局寻求合作，于是臭名昭著的"铅管工人小组"就这样成立了，这个小组曾在"水门事件"中发挥了重要作用。作为联邦调查局的"二把手"，费尔特对总统的行为当然极不赞成，他认为，安装窃听器是要得到法律许可的。为此他还亲自到白宫走了一趟，和总统的国内事务助手克洛赫小组展开了一场争辩。克洛赫小组的成员为尼克松辩护说，在政府和国会至少有四五百人值得怀疑。此后，费尔特发现，由于联邦调查局的不合作态度，尼克松政府已经决定要"惩罚"他们了，而"铅管工人小组"的工作也已经交接给了别人。后来发生的另外一件事情，对白宫和联邦调查局的关系更是雪上加霜。1972年3月，美国国际电话电报公司一份备忘录曝光，备忘录称，向尼克松的总统连任选举班底"进贡"40万美元就能帮自己了结一桩公案。此事让尼克松政府陷入极为尴尬的境地，被搞得灰头土脸。于是尼克松的特别顾问查尔斯·科尔森立即责令下属"求助"于联邦调查局，让他们断定这份备忘录系伪造的，没想到负责此事的费尔特却给出了与他们预期的结果相反的结论，如此，联邦调查局和白宫关系自然更加紧张，费尔特的不合作将白宫不满的怒火再次点燃。

第二，费尔特与尼克松是老冤家。当联邦调查局开始调查"水门"一案时，白宫开始为他们设置越来越多的障碍。要查清"水门事件"的真相，必须突破重重阻挠。费尔特将1972年的那些天称为"黑暗的日子"。为了查清雇佣水门"夜贼"的资金来源，费尔特决定对墨西哥城的一家银行展开调查，但帕特里克·格雷却认为他们应该在墨西哥城召开新闻发布会，以便将中央情报局在那里的行动摧毁。费尔特担心这样做也会涉及联邦调查局的名誉，除非他们能得到中情局不在墨西哥进行调查的文字证明。费尔特认为，他们必须做些什么以得到国会和总统律师顾问约翰·迪安的合作，然后重新选举总统。

"水门事件"发生后不久，联邦调查局的传奇掌门人胡弗老局长就去世了，谁来继承大统立刻就成了各方瞩目的焦点。代理局长共和党人帕特里克·格雷希望能够继承胡弗的光辉业绩，而费尔特作为胡弗老局长的得意门生，一直深得这位传奇掌门人的信赖，被视为左膀右臂，外界也普遍认为费尔特是胡弗的当然接班人。所以费尔特满心希望自己可以接掌帅印，将恩师的辉煌事业进行下去。然而尼克松最终任命副司法部长、"自己人"格雷继任联邦调查局掌门人。与当家人之职失之交臂，费尔特当然深感不满。事实上，对于费尔特的"雄心"，尼克松班底堪称了如指掌。据事后公开的白宫录音带表明，"水门事件"发生6天后，尼克松曾与属下商议，准备以与中央情报局冲突为由下令联邦调查局停止介入调查，费尔特也被特意"点名"。录音带中，白宫办公厅主任霍尔德曼说："马克·费尔特想要合作，因为他有野心。"尼克松回复道："是的。"

此时的白宫已经将费尔特视为敌人了。从后来的秘密录音中可以知道，费尔特早已是尼克松监视的目标之一。1972年10月，尼克松曾经说过"一定要将讨厌的联邦调查局放把火烧掉"，并明确提到了费尔特。对费尔特的调查也是细之又细，甚至连他的宗教信仰也进行了彻底调查，一会儿说他信天主教，一会儿又说他是犹太人。根据费尔特的回忆，在接下来对"水门事件"的调查中，格雷成了一道主要的障碍，甚至将费尔特的调查引向了歧途。他将擅闯水门大厦的"夜贼"嫌疑人限制在了7个人的身上，并对费尔特说，他的调查不能超出这7个人的范围。费尔特因此陷入了对"水门事件"调查的迷茫之中，正是在这种状况下，费尔特决定向《华盛顿邮报》的记者透露"水门案"的重要线索。

无奈的结局——尼克松早知谁是"深喉"

随着费尔特自曝"深喉"身份，尘封已久的"水门事件"再次吸引住了世人的眼球。2005年6月15日，美国《国家》杂志宣称从最新获得的联邦调查局解密文件中得知，费尔特在"水门事件"中还扮演着另一个鲜为人知的角色：他曾两次受命向《华盛顿邮报》的记者追查泄密者"深喉"的身份！也就是说，费尔特曾经带领着大批联邦调查局探员，装模作样地追查他自己！

为了保护自己，证明自己和"深喉"毫无关系，费尔特甚至还煞有介事地以联邦调查局副局长的身份约见伍德沃德。两人会面时，费尔特还特意让自己的助手、具有 25 年资历的联邦调查局资深探员瓦森·坎培尔在现场陪伴他。费尔特在后来的回忆录中称，那次会面是伍德沃德提出的，费尔特只不过同意了他的要求，之所以要求助手坎培尔做伴，是为了避免自己和伍德沃德的谈话内容被人"错误地引用"。在那次会面中，费尔特表现得极不合作，拒绝回答伍德沃德提出的许多问题。正是这样故布疑阵，炮制假线索，费尔特不仅成功的保护了自己，而且将联邦调查局特工耍得是团团转，让所有人都以为"深喉"藏在美国司法部中。就连尼克松的亲信、联邦调查局局长帕特里克·格雷也对费尔特的话深信不疑，即使当尼克松怀疑费尔特就是"深喉"时，被蒙在鼓里的格雷仍然拍胸脯向尼克松保证，费尔特"绝对忠诚清白"。

费尔特不知道的是，当时他已经成为尼克松的怀疑对象。1972 年 10 月 19 日的谈话录音中显示，白宫办公厅主任 H.R.霍尔德曼告诉尼克松，经秘密渠道确认，费尔特就是主要泄密者。那尼克松为什么没有对费尔特采取措施呢？谈话录音给出的答案是尼克松对情报有所怀疑。在 1973 年 2 月 28 日的录音中，尼克松的私人顾问约翰·迪恩再次向总统进言，费尔特是知道那么多细节的"唯一一人"，因此是"深喉"的最可疑人选。但尼克松怀疑道："假设费尔特出面揭露了一切，这么做有什么好处？"再加上费尔特的泄密已经对尼克松政府造成了无法挽回的致命伤害，所以尽管尼克松和他的助手确信费尔特就是告密者，也已经是于事无补了。

从"我不是"到"我就是"，费尔特将这个秘密守了 30 余年。对于泄露"水门事件"线索的做法，费尔特多年来一直感到自责，他甚至曾表露，成为"深喉"可"不是一件光彩的事"。如今终于摘掉了面具，等待他的是福还是祸？在 5 月 31 日晚些时候，争论就已经开始了，许多原尼克松政府要员就纷纷指责费尔特的做法。当年"水门事件"的幕后策划者之一戈登·利迪曾为此蹲了四年半监狱，出狱后花了大量精力查阅档案，试图查出"深喉"究竟是谁。他认为："如果他（费尔特）掌握了丑行的证据，为了荣誉应该将其提交给陪审团，提起指控，而不是有选择地泄露给某一媒体。"尼克松昔日的"捉刀人"帕特里克·布坎南则直呼费尔特为"叛徒"。而参议院"水门事件"调查委员会成员特里·伦兹纳则为费尔特辩解说，如果没有《华盛顿邮报》当年的报道，调查委员会也无从成立，"一切真相将被掩埋"，而费尔特是为了挽救联邦调查局的声誉才出此下策的。

"水门事件"回放

1972 年 6 月 17 日 2 时 30 分,尼克松总统连任委员会的 5 名共和党成员潜入民主党位于华盛顿水门大厦的全国总部,偷拍文件和安装窃听器,刺探民主党的竞选策略和活动情况,当场被捕,尼克松施加压力下令掩盖事实。同年 11 月 7 日,尼克松竞选连任成功。

从 1972 年至 1974 年,调查记者对事件穷追猛打;另外,以民主党参议员萨姆·欧文为主席的参议院水门事件特别调查委员会也对此事深究细查,查出了不少重要内容。

1973 年 1 月,美国哥伦比亚特区地方法院审理"水门盗窃案",引起全国普遍关注。随着调查的深入,越来越多的证据证明此事与共和党"总统竞选连任委员会"有牵连,甚至涉及总统尼克松。7 月 16 日,尼克松在白宫椭圆形办公室秘密录下所有对话之事曝光,舆论一片哗然。同年 10 月 10 日,副总统辞职。

1974 年 7 月 24 日,美国最高法院下令尼克松将白宫录音带交给水门案调查小组。3 天后,众议院委员会通过弹劾尼克松,指控他妨碍司法、滥用职权,以及拒绝出席水门案调查小组。

1974 年 8 月 8 日,尼克松辞职。

2003 年 12 月 11 日,美国国家档案纪录局公布了超过 240 小时关于尼克松的录像和录音资料。

2004 年 5 月 27 日,一份电话记录显示,1974 年 3 月,尼克松曾在电话中开玩笑地威胁说,如果国会干预水门事件丑闻的话,他将向国会山投放一枚原子弹。

2005 年 2 月 4 日,得克萨斯大学公开于 2003 年 4 月花 500 万美元购买的《华盛顿邮报》对水门事件的调查报告。除了对"深喉"真实身份的几种猜测没有公开外,其余数千页的笔记、备忘录等资料悉数对外公开。

2005 年 5 月 31 日,水门事件秘密消息源"深喉"——联邦调查局前二号人物马克·费尔特现身。

推荐阅读

① 陆鸣编译:《水门事件真相》,香港七十年代杂志社,1974 版。

② 金海编著:《理查德·尼克松》,辽宁人民出版社,2002 版。

③ (美)莫尼卡·克罗利著,文波译:《遗恨水门——尼克松传》,时代文艺出版社,2002 版。

④ (美)理查德·尼克松著,伍任译:《尼克松回忆录》, 世界知识出版社,2001 版。

"猫王"完美的脸庞

14

永远的偶像：

再说"猫王"死因

1977年8月16日，是一个令全世界千百万歌迷无比悲伤的日子。这一天，美国摇滚乐天王巨星"猫王"在他的豪宅"优雅园"骤然去世，年仅42岁。作为20世纪最伟大的一位摇滚乐偶像歌手，"猫王"在人们心目中的地位是无可替代的。时至今日，每年都有将近60万人前往田纳西州他的故居"优雅园"参观。由于事前没有丝毫征兆，所以当这位偶像突然撒手西去时，自然给世人留下了无数未解之谜。

"猫王"激情四射的演出

一代偶像，神秘地死去

　　"猫王"，本名埃尔维斯·阿伦·普雷斯利（Elvis Aron Presley），1935 年 1 月 8 日出生于美国密西西比州一个贫穷的农场工人家庭。他从小就喜欢音乐，幼年时曾在教堂的唱诗班里参加演唱。10 岁时，普雷斯利首次登台表演，在密西西比－亚拉巴马博览会上演唱了一首催人泪下的乡村歌曲《老牧师》。1948 年，他随父母迁到孟菲斯。在这里，普雷斯利开始同一些职业乐手接触，并偶尔参加四人福音歌曲演唱组"黑森林兄弟"（Blackwood Brothers）的演出。不久，在一次很偶然的机会下，他开始了自己的音乐生涯。1953 年的一天，为了送给母亲一份礼物，普雷斯利去孟菲斯录音服务公司的录音棚录制了一首歌曲。这家录音棚的老板是萨姆·菲利普斯，当时刚刚建立了自己的 Sun 唱片公司。听到普雷斯利的演唱后，菲利普斯的助手马里恩·凯斯克觉得普雷斯利很有潜力，就记下了他的地址。差不多一年之后，菲利普斯邀请普雷斯利来公司录制歌曲，几经周折，普雷斯利演唱的歌曲《好极了》（That's All Right）获得了相当大的成功，随后他就推出了自己的首张单曲唱片，在当地很受欢迎。

此后，普雷斯利又推出了几张唱片，并开始进行巡回演出。由于他的音乐体现了一种乡村音乐节奏与布鲁斯的结合，所以知名度也越来越高。不久，他又加盟了著名的 RCA 公司，很快普雷斯利就成了全国明星，他此后的每一张唱片都在排行榜上名列前茅。

普雷斯利是一位具有黑人风格的白人歌星，他向人们展示了一种极富个性和创新意味的白人音乐与黑人音乐风格的融合。作为一位摇滚乐大师，他在 20 世纪 50 年代后期，不仅仅是摇滚乐坛的偶像，还是摇滚乐的象征。尽管现在看来，普雷斯利的歌曲稍显简单肤浅，也缺少力度和社会责任感，但他那漂亮的容貌、标志性的扭胯动作和出色的舞台表演，已成为后世摇滚歌迷心目中永远的记忆，乐迷们给他起了一个特殊的名字——"猫王"。由于使摇滚乐在世界范围内流行，"猫王"成了 20 世纪美国流行音乐中最重要的人物，他是第一位将乡村音乐和布鲁斯音乐融进山地摇滚乐中的白人歌手。他是流行音乐历史上唱片销量最高的艺人，甚至在他

"猫王" 20 世纪 70 年代的典型演出装束：他亲自参与设计的镶满珠宝的白色礼服。

"猫王"早期推出的专辑 这4张专辑从上至下分别为《艾尔维斯圣诞专辑》、影片《快乐女郎》原声专辑、影片《码头工人》原声专辑（后两张）。

去世之后，他的任何再版唱片都能保持极其稳定的销量。他是流行音乐历史上唱片销量最高的艺人，据1971年的统计表明，到当时为止，其唱片销量已达到1.55亿张单曲唱片，2500万张专辑和1500万张EP唱片。

但是，正所谓天妒英才。1977年8月16日，正值壮年的"猫王"突然在其豪宅"优雅园"中去世。这一消息，立即使全世界歌迷陷入了无限的悲痛中。"猫王"死后，人们为他举行了隆重的、规模空前的葬礼：一口白色的棺材，17辆白色的高级轿车，还有5万名从各地前来悼念他的歌迷。时至今日，每年仍有大批崇拜者前往"优雅园"追思这位一代偶像。

由于"猫王"的去世的确太过离奇、太过突然，几乎外界所有的人都很想知道，1977年8月16日那天，"猫王"的豪宅"优雅园"到底发生了什么事？

当时的记者是这样报道的：当天的午夜时分，"猫王"和他20岁的未婚妻金吉尔·阿尔登曾去看过牙医，这么晚去专业保健医生那儿给人的感觉有点奇怪。但"猫王"的保镖说，因为"猫王"拥有众多的崇拜者，为了避免歌迷云集，引起不必要的麻烦，此举是相当必要的。凌晨5点的时候"猫王"想打壁球，于是两人一起去了格雷斯兰大楼亮着灯的球场打了大约两个小时。回来之后，穿着蓝色睡衣的"猫王"说他想先在浴室里读一会儿书报再休息，随后他吻了一下金吉尔算是道了晚安。可是在她当天下午两点左右醒来时，却发现他没在床上。她叫喊着他的名字，也没有人应声，当她满腹狐疑地推开浴室的门时，却发现"猫王"脸朝下趴在长绒地毯上。随后，"猫王"的亲朋好友们乱成一团。等救护车到达的时候，"猫

1977 年 8 月 16 日，"猫王"辞世的消息一传出，数千名崇拜者立即云集在优雅园四周。

成千上万名歌迷静候在孟菲斯道路两旁为"猫王"送葬。

王"已经全身发紫。在其私人医生尼可波罗的坚持下，"猫王"被送到他常去的巴提斯医院，随后医生宣布 42 岁的猫王因药物引发心脏病致死。

对于医院的结论，"猫王"的追随者们表示不相信，事实上有关方面当时也的确发现了一些疑点。尤其是在事后警方前往"优雅园"调查时，惊讶地发现现场已被全部更动，"猫王"的卧室和浴室也已经被女佣整理得干干净净。由于"猫王"去世前一直服用很多药物，甚至要吃 8 种药丸才能入睡，所以按照常理，室内的柜子里原本是应该装有很多药物的，可此时也已经是空空如也。他的身体里充斥着各种各样的药，但他的医生和家人却是讳莫如深，不愿提起这点，这就不能不让人对"猫王"的死因充满疑惑。

此外，由于"猫王"的验尸报告一直都没有公开，所以有人提出了这样的猜测"猫王"难道是被人谋杀而死的吗？当时曾有传言说，"猫王"在去世前曾受到美国联邦调查局的保护，原因是他将作为证人出庭指控黑帮分子杀人。也许就是因为这一原因，"猫王"成了那些不择手段的黑道人物的眼中钉，一定要除之而后快。由于"猫王"一天需要吃很多药，再加上每天出入"优雅园"的人很多，所以如想下手调换药丸可以说是很容易的一件事。可惜这些仅仅是猜测，缺乏确凿的证据。事情发生后，"猫王"的家人中，除了他年仅 9 岁的女儿丽莎玛丽外，其余的都被警方侦讯过，但其具体内情至今也没有人透露。

另外，还有认为"猫王"是自杀的。据说，"猫王"的继母曾向外界宣称，"猫王"在去世前曾给他的父亲留下了一封遗书，其内容大概是："猫王"向父亲透露他得了癌症，因为无法面对癌症带来的巨大痛苦，所以不如干脆提前结束生命，这样既可以不再忍受病痛的折磨，又可以和生母在天堂相聚。但这个说法是否确切，又因为"猫王"的父亲已经去世而永远无法得到证实。不过，母亲对于"猫王"的巨大影响却是众所周知的。由于"猫王"的母亲操控和指挥着他的生活，久而久之，他对母亲的依赖已经到了无以复加的地步，离开了母亲他几乎不知道如何生活，而"猫王"爱他的母亲简直胜过一切。在母亲死后，"猫王"曾陷入长期的痛苦之中，所以有人推测也许他真的期盼着和母亲重聚。当

冥想花园内的"猫王"墓碑及长明灯

"猫王"死后，人们也如其所愿将他和母亲合葬在一起，这也算是对他的一种慰藉吧。

元凶竟是镇静剂

相当一部分了解事情真相的人认为，由于医生在"猫王"体内发现了14种成分不同的毒品，所以他有可能是因为一次性吸食了大量的毒品而送命的。"猫王"因吸食过量毒品而死的一种结论，显然是大家尤其是他的崇拜者最不愿意接受的。为此，众多热爱"猫王"的人，都希望他们的偶像不会是因非法使用毒品而死的，否则他作为有史以来最伟大歌手的形象岂不是彻底被毁了吗？然而，联想到"猫王"的家人和医生在他死后对他所用的药物都三缄其口，不由使人怀疑真的有这种可能性。况且"猫王"在世时，就一直有传言称他是个大瘾君子，尽管他的经纪人矢口否认了这种流言，并把这位歌手描绘成一尘不染的、喜欢唱福音音乐的田纳西

乡村小伙。

就在人们对药物问题争论不休的时候，1979年，在"猫王"去世两年之际，又一种新的说法被提了出来。这年 12 月 13 日，美国一位著名的法医西里尔·韦希特在一次电视节目中，第一次对公众宣布："猫王"并非死于心脏病或者其他别的什么原因，而是因为将大约

10 种镇静剂混合使用才致死的。正是这一举动对他的中枢神经系统起了相当大的副作用，从而导致了他的心脏停止跳动。这种情况在业内通常称之为"复方用药"，一般是指两个以上的大夫在没有相互通气的情况下，为同一个病人开处方。

当初，在"猫王"的尸体解剖工作完成后，负责的法医杰瑞·弗朗西斯科博士曾就"猫王"的死对记者发表过这样的陈述：根据解剖的结果，死因是心力衰竭而引起的心律失常。他还分析道，"猫王"患有几种心血管疾病，一种是轻度高血压，并曾有过一段时间的治疗；一种是心血管硬化。这两种疾病有可能是导致心律失常的原因，但准确的原因目前尚不能确定。而西里尔·韦希特认为，从一个有经验的法医口中说出这样的话简直荒唐之极。每个人的心脏停止跳动都会死去，但关键的问题是：是什么导致心脏停止跳动的？ 1977 年 10 月，在"猫王"死后数月，浸礼会医院的病理学家们也表示，他们认为是药物而不是心律失常导致了"猫王"的死亡。随后，杰瑞·弗朗西斯科博士举行新闻发布会，再一次宣布"猫王"的死是高血压、心脏病和心血管病导致的。这位法医说，田纳西大学医学院做了彻底的毒理学分析，认为药物是致死的原因是无稽之谈。他甚至无数次地重复着"药物未在埃尔维斯的死上起作用"这句话。当时"猫王"的私人医生尼可波罗博士也当即表示同意弗朗西斯科博士的结论，否认了关于他的病人用药不当的传闻，并以肯定的口吻对记者说："假如他用可卡因的话，我会知道的。"

针对弗朗西斯科博士等人的结论，西里尔·韦希特说出了一个鲜为人知的秘密：在对"猫王"遗体进行解剖的当天晚上，浸礼会医院准备了两份同样的人体组织样本，一套样本给了杰瑞·弗朗西斯科博士，另一套样本则由浸礼会医院的一名病理学家送到了加州梵尼斯生物科学实验室，这是美国最权威的毒理学实验室之一，而这个生物科学实验室的化学家得出的结论，与弗朗西斯科博士所报告的东西却截然不同。

西里尔·韦希特宣称自己很幸运地看到了加州梵尼斯生物科学实验室所做的毒理学报告的副本，正是通过对这份报告的仔细审核，他才做出了上述结论。

所谓毒理学报告，就是对人死的时候身体里所含的物质进行化验的结果。韦希特博士之所以认为"猫王"的死是综合药物作用的结果，是因为该报告在"猫王"体内发现了包括安定药瓦连姆瓦尔米德、普拉西定、苯巴比妥和丁二烯巴比妥在内的多种镇静剂。其中致命的主要是镇痛药可卡因，这种药对中枢神经有压抑作用。令人难以置信的是，这些药怎么可能让一个病人同时服用呢？正是根据"猫王"死后身体里这些药物的含量，韦希特博士声称他决不相信"猫王"是自杀的，几乎可以确切地说这位伟大的摇滚歌手死于一场事故。如果"猫王"所服用的药物出自两个以上大夫开的处方，那么每一位大夫都不够谨慎，因为他违背了行医的一个原则性的观念：在开对大脑有抑制作用的药的处方之前，必须先弄清楚病人是否在服用有同样病理作用的其他药物。看来，正是这些不负责任的处方要了"猫王"的命。

一石激起千层浪，韦希特博士的结论一经公布，顿时引起了很大的反响。没过几天，田纳西州的法官下令将"猫王"尸体解剖的整个报告公之于众，这个报告证实了韦希特博士提出的疑点。浸礼会医院的病理学家们所做的细心解剖与弗朗西斯科博士所说的解剖结论有多处矛盾的地方：第一，弗朗西斯科博士说"猫王"的心脏器官增大了一倍，这种异常情况表明，他患有高血压心脏病。然而，浸礼会医院的病理学家们称出的死者心脏重量为520克，以"猫王"的身高体重看，其心脏器官的正常重量应该是350克至400克之间。所以何来增大一倍之说？第二，解剖报告还说医生们检查了心肌是否有伤痕，结果并没有找到。没有盐和水的滞留，也就是说不存在充血性心力衰竭。第三，大夫们发现"猫王"只是患有非常轻度的高血压，而这种程度的血压，绝不足以严重到要了他的命。第四，脑部的检查表明没有血块、梗死或动脉瘤，也没有中风的迹象。再有，从解剖学的角度来看，即使是完成了解剖，也没有充分的依据可以确定死亡的原因，而是还要综合稍后才会出来的毒理学报告才能得出结论。作为一名法医，弗朗西斯科博士不等显微观察和毒理学报告出来就宣布"猫王"的死因，可以说是略显仓促了些。

几个星期以后，联邦法院召集了一个大陪审团，传唤索取了有关"猫王"一案的所有解剖和毒理学报告。之后，该陪审团提出了一个涉及面颇为广泛的起诉书，指控当过10年"猫王"私人医生的尼可波罗博士对"猫王"开了过量的处方用药。因为官方的调查表明，仅仅在"猫王"死亡之前的7个月内，尼可波罗博士竟给他开了高达5300片的各种兴奋剂和镇静剂！医疗委员会同时也暂时吊销了尼可波罗博士的行医执照 3 个月。尼可波罗博士聘请了著名的律师詹姆斯·尼尔（此人在全国律师里面也可说是佼佼者之一，他曾被召对"水门"丑闻中的几个关键人物提起过公诉，并使这些人都被定了罪）。在法庭上，尼尔先生说他的委托人的确向"猫王"提供了所有这些处方药物，但其目的是为了试图挽救这个人的性命。因为"猫王"是个毒瘾很大的瘾君子，如果不能从尼可波罗博士那儿弄到这些药，他一定会上街去弄来更危险的药物。所以尼克波罗斯博士这样做至少能监督"猫王"，而实际上却是在帮助他慢慢戒毒。在尼尔先生如此"据理力争"之下，尼可波罗博士被陪审团裁定为无罪。韦希特博士认为这简直就是诡辩，并用了一个很形象的比喻来形容：这就好像在对法官说银行无论如何都是要被抢的，既然如此，我就先来抢——因为我知道自己不仅不会杀人，而且还打算把一部分抢来的钱送给穷人！实际上尼可波罗博士恐怕是出于私心和贪欲——害怕"猫王"解雇他，才没按正确而必要的医疗手段行事。至于弗朗西斯科博士，韦希特博士认为他或许也是一位"猫王"的歌迷，如果按照实情宣布这位歌手死于药物，必定会损害"猫王"的偶像形象。正是出于这种动机，他才替这个案子做了遮掩。

又过了 12 年，时间走到了1991 年。埃里克·穆尔海德博士终于公开证实了韦希特博士的观点。穆尔海德博士是位极受人尊敬的病理学家，1977 年他在孟菲斯浸礼会医院就是负责"猫王"案的病理分析，并参与和指导了尸体的解剖工作。他说自己从第一天开始就知道"猫王"不是死

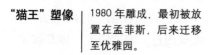

"猫王"塑像 ｜ 1980 年雕成，最初被放置在孟菲斯，后来迁移至优雅园。

灯火通明的"优雅园"已成为歌迷悼念"猫王"的最佳地点

于弗朗西斯科博士所说的心脏病。他为自己没有及时站出来纠正这一错误说法向大家表示了歉意，看来这一段公案似乎也可以告一段落了。

偶像幽灵：稀奇古怪的传闻

事情远未结束。由于仍有不少狂热的歌迷始终不相信"猫王"的死讯，所以多年来竟不断有人宣称"猫王"根本就没有死，他还活在这个世界上。

作为无数歌迷心目中的传奇偶像，"猫王"留给歌迷们的印象是"叛逆"、爱出"怪招"。也许是这种印象太过深刻，所以连他的死也被那些狂热的歌迷当作是他的"怪招"之一。许多人一直认为，所谓"猫王"在1977年8月16日骤然而逝的消息，纯粹是正值盛年的他因为不堪忍受盛名之累，想远离喧嚣尘世好好休息休息，所以终于下定决心以"死亡"这个无可争议的理由告别众多的歌迷，从而来达到最终隐遁的目的。相信"猫王未死"的人还将"猫王"的一位好友的暗示作为证据：如果"猫王"知道还有这么多的人在关注他的话，那么这位传奇人物也许会在某个时候重新现身于世人面前。所以他们坚信发生过的一切不过是个假象而已，等"猫王"休息够了，他就会回来的。有些"猫王"的忠实崇拜者，甚至还创造出了一个更加离奇的关于"猫王未死"的版本：由于"猫王"的歌声美妙无比，连那些外太空的居民也被他的歌声深深吸引住了。为了更好地欣赏他的歌曲，这些具有特异功能的外星人带走了"猫王"，去了另外一个不为我们所知的空间。

就在几年前，2003年10月，类似的惊人消息还在出现——有目击者称在美国田纳西州格里斯兰见到了疑似"猫王"埃尔维斯·普雷斯利的男子，并且有照片为证！目击者是一位53岁的女游客，据她说，由于在田纳西州格里斯兰"猫王"的别墅前见到了一个极似"猫王"的老年男子，于是她便偷偷溜进了别墅并拍下了黑白照片作为证据，而且她坚信她所看到的就是"猫王"本人。从照片上来看，已经68岁的"猫王"韶华已逝，坐在别墅前的一辆轮椅上休息。所有看过照片的人都表示，如果这张照片的真实性可以肯定的话，那么上面的人有98%的可能性就是"猫王"本人。而此前，加州的一位餐馆女招待也称"猫王"曾到她们的餐馆买过一个三明治。

所谓"猫王未死"之类的说法不断掀起轩然大波，引起全世界的关注，但最重要的，还是人们应记住了他的歌声，以及他短暂辉煌而又传奇神秘的一生。

推荐阅读

① （美）西里尔·韦希特等著，潘小松译：《法医档案——名人死因揭秘》，译林出版社，2003年版

② （英）Rupert Matthews 著，唐晓萌译：《"猫王"普雷斯利》，外语教学与研究出版社，2004版。

③ 米克·法伦、皮尔斯·马奇班克编辑整理，王海燕译：《"猫王"埃尔维斯口述实录》，上海文艺出版，2003版。

④ （英）克里斯·哈特金斯、彼得·汤普森著，卓卓、维珊译：《猫王与甲壳虫》，云南人民出版社，2001版。

洛克比空难营救现场

15

世纪悬案：
洛克比空难的真相

　　洛克比，原本是苏格兰一座默默无闻的小镇，却由于 19 年前的一场空难而在一夜之间扬名世界。19 年来，每到 12 月 21 日，总有世界各地的凭吊者来到此地，追忆那场世界历史上最恐怖的空难。而洛克比，也从此成为空中灾难的代名词。19 年来，围绕那次空难所展开的调查、审判和政治冲突，也一直是国际上最热门的话题之一。究竟是什么人策划了那次空难？在凶手受到审判的背后是否还有更深层次的阴谋？这些都是人们非常关注的话题。

恐怖的空中爆炸案，曲折的调查

1988 年 12 月 21 日晚 7 时 03 分，一架泛美航空公司从伦敦飞往纽约的波音 747 喷气式客机，在飞抵苏格兰小镇洛克比上空时，突然发生剧烈爆炸，机上 259 名乘客和机组人员全部遇难。更不幸的是，飞机爆炸的碎片还使洛克比镇 11 名居民无辜丧命。在这次空难中丧生

在夜晚进行抢救

的 270 人，来自 21 个国家，其中绝大部分是美国人。据当时的目击者描述，爆炸的场面非常惨烈：当一个巨大的火球从高空坠落后，洛克比一片漆黑，电力和电话全部中断，到处散落着乘客的行李箱、飞机上的塑料托盘和残缺不全的尸骨。

空难发生后，有关方面立刻采取了行动。12 月 22 日黎明时分，闻讯赶到洛克比的 1500 多名苏格兰军警把失事现场方圆几公里的地方重重包围起来，并开始取证工作。搜寻人员带着各种仪器，对出事区域进行了拉网式搜查，寻找遇难者尸体和飞机的残余物件。经过近一周的努力，英国警察找到了大部分遇难者的尸体和多达 1.8 万余件的飞机碎片，这些碎片全部交给了英国国防部进行分析，以确定飞机失事的原因，并为破案提供线索。随后，美英两国成立了联合调查组，由英国秘密情报局、苏格兰场和美国中央情报局及联邦调查局负责这次空难的调查事务。为了尽快查明事故真相，1000 多名专家和技术人员不分昼夜工作，他们利用各种仪器对这些飞机碎片进行分析和鉴定。结果显示，空难是由飞机乘客行李舱里的炸弹猛烈爆炸而导致的。调查人员还确定，这是一种名为塞姆泰克斯的炸弹，也是军火界最负盛名的塑胶炸弹之一，因为一般的安全检查仪器对它无能

为力，所以尤其受恐怖分子的青睐，而炸弹就藏在一种便携式的收录机中。那么，究竟是什么人策划了这次爆炸呢？

　　起初，调查人员怀疑这起事件是一个由叙利亚人支持的恐怖组织所为，并把注意力放在了巴勒斯坦身上。为此，美国联邦调查局在瑞典警方的协助下，逮捕了巴勒斯坦恐怖小组的得力干将阿布·塔尔布，此人曾在瑞典、荷兰和丹麦等地制造过恐怖爆炸事件。警察还在他家的一本日历上发现，在 1988 年 12 月 21 日那一数字周围被画上了一个圈。然而在审查中，塔尔布矢口否认他与洛克比事件有任何牵连，警方也没有发现确凿的证据。不久，调查人员发现了重要的线索。当他们打算从衣服用品的破损情形来分析炸弹究竟是被放置在哪一个行李箱里时，终于查出与炸弹在同一手提箱里的衣服都是在马耳他岛的一家服装店购买的。于是调查小组立即赶往这家服装店，根据店主回忆：在 1988 年 12 月的时候，曾有一个操利比亚口音的人到他店里来买了许多衣服。最后，联邦调查局探员确定，这名顾客是一名利比亚人，并根据店员的描述把此人的相貌特征绘制出来。在店员对嫌疑人的照片认真辨认之后，联邦调查局终于查到了那名顾客的姓名是艾巴戴尔·麦格拉希，并发现麦格拉希是在 1988 年 12 月 20 日下午五点半去买衣服的，和他一起同去的还有当地的利比亚阿拉伯航空公司驻马耳他办事处主任拉曼·费马。在对费马的调查中，探员们还查获了一本日记，日记的内容进一步证明，正是费马利用职务之便将麦格拉希的爆炸箱送上那架泛美航空公司飞机的。

　　麦格拉希，1952 年 4 月 1 日出生于利比亚的黎波里，他曾在美国接受教育，能说流利的英语，在爆炸案发生时，他是利比亚阿拉伯航空公司驻马耳他的保安主管，而美国当局还声称他是利比亚的一名特工人员。

飞机残骸 ｜ 这是比较大的残骸，飞机残骸以细小部件居多。

1991 年 11 月 14 日，经过近 3 年时间的调查取证，美英两国终于宣布了洛克比空难的调查结果：空难是由 2 名利比亚情报人员制造的，他们是前利比亚航空公司驻马耳他办事处主任麦格拉希及其同事拉曼·费马，正是他们将藏有炸弹的行李从马耳他送上了失事飞机，两国随即通过意大利驻利比亚大使馆向利比亚递交了对这两人的起诉书和通缉令。

美国与利比亚的恩怨

英美两国的调查结果公布后，美国白宫发言人曾在记者招待会上宣布，制造洛克比空难这样的恐怖活动，如果没有政府最高层人士的支持是无法实现的，这无疑将矛头直接指向了利比亚最高领导人卡扎菲。同时，在接到美英两国递交的起诉书和通缉令后，利比亚政府虽然拘留了两名嫌疑犯，但却拒绝把他们引渡给美国，而要求由利比亚政府审判嫌疑犯，这一举动也直接导致了两国本已存在的矛盾更加尖锐起来。

说起利比亚与美国的积怨，可谓由来已久。早在 1969 年 9 月 1 日，当以卡扎菲为首的"自由统一军官组织"推翻了伊德里亚斯王朝时，利比亚与美国本来良好的关系就日益恶化。1970 年 6 月 11 日，利比亚又收回了美国在利比亚的惠勒斯空军基地，这可是当时美国在海外最大的空军基地。1971 年 12 月，利比亚宣布实施国有化，美国的海外利益又遭到打击。1979 年，美国和利比亚相互撤回大使馆人员，虽然双方尚未彻底断绝外交关系，但基本上已反目成仇了。1986 年，美国借口利比亚向美国军人采取了恐怖主义行动，于 4 月 15 日对利比亚发动了代号为"外科手术"的空中军事打击，结果卡扎菲的养女被炸死。可以说，30 多年来，卡扎菲是世界上为数不多的敢于向美国挑战的领导人之一，这也为他赢得了传奇性的声誉。

洛克比空难的调查结果出

美国中央情报局

全称为 Central Intelligence Agency，简称中情局，英文简称为 CIA，是美国最大的间谍和特务机构，成立于第二次世界大战后的 1947 年，其总部设在美国首都华盛顿近郊的兰雷。据透露，其在编人员有 16500 余人，而有关人士推测实际人数要远远超过这个数字。美国中央情报局局长由美国总统任命，同时担任总统和国会的高级情报顾问，其下设行动司、情报司、科技司、行政管理与后勤司、计划与协调部等部门。该机构的主要任务是为联邦政府公开和秘密地收集和分析关于国外政府、公司和个人以及政治、文化、科技等方面的情报，协调其国内情报机构的活动，并把这些情报报告到美国政府各个部门。同时还负责维持大量军事设备，这些设备在冷战期间用于推翻一些外国政府和对美国利益构成威胁的反对者，例如苏联等。为了达到目的，中央情报局还经常搞一些暗杀活动，企图暗杀敌国领导人，但鲜有成功者。尽管该机构在搜集情报等方面曾屡建奇功，但其一些不开告人的丑闻，使它常被外界称为"一半是天使，一半是魔鬼"。

来后，美国立即将矛头指向利比亚。以美国为首的西方国家本来早认定利比亚是一个恐怖主义国家，自然不会同意利比亚的立场。1992 年 3 月 31 日，安理会通过了第 748 号决议，要求利比亚在 4 月 15 日前交出嫌疑犯，否则世界上所有国家都要从 15 日起中断与利比亚的空中联系，实行武器禁运，直到利比亚交出嫌疑犯。英美等国声明，利比亚要么遵守安理会决议，引渡嫌疑犯，要么等候制裁。对此，利比亚采取了强硬的立场，利比亚常驻联合国代表表示同意将两名嫌疑犯交给法庭审判，但条件是必须由阿拉伯国家联盟出面审理，卡扎菲甚至对记者发表谈话说："我将对任何实施安理会制裁措施的国家采取报复行动。"

1992 年 4 月 15 日，联合国秘书长加利宣布，联合国安理会决定对利比亚实行武器禁运，并禁止利比亚的航空旅行。随后的两年，安理会还通过新的决议冻结利比亚资产并禁止成员国向利比亚出口某些石油设备。此外，法国、瑞典、日本、德国等国也驱逐了利比亚的外交官。1995 年，美国政府悬赏 400 万美金，捉拿嫌疑犯。1996 年 6 月，利比亚领导人卡扎菲不顾联合国的禁令，乘飞机到达开罗出席阿拉伯国家特别首脑会议。美国政府立即联合其他的国家对利比亚实行经济封锁，克林顿政府甚至下令制裁在利比亚投资的外国公司。多年的制裁的确给利比亚带来了巨大灾难，利比亚政府也多次向联合国申诉，但是他们仍旧坚持对两名嫌疑人的审判必须在英美以外的第三国进行。同时国际社会的态度也在转变，1998 年 2 月，国际法庭做出裁决，认为有必要听取利比亚的申诉，而英美也同意在荷兰审理此案。

悬疑四起的世纪审判：到底谁是主谋

1999 年，经过国际社会的不懈调停，美国、英国和利比亚终于就洛克比空难的审理地点、方式和程序等问题达成一致，同意按照苏格兰法律，由苏格兰法官组成的特别法庭在荷兰开庭审理此案。英美与其盟国荷兰协商，耗资 1800 万美元，在位于阿姆斯特丹东南 65 公里处的原美国空军基地蔡斯特营区专门建造一座法庭，在开庭期间作为苏格兰主权领土，由苏格兰警方负责安全守卫，依照苏格兰法律审理洛克比空难案。于是，就出现了在荷兰依据苏格兰法律展开审判的、在世界司法史上也是史无前例的情况。

2000 年 5 月 3 日，在蔡斯特军营，审理工作开始了，由 3 名苏格兰籍法官负责审理此案，1000 多名证人出庭作证，其中包括英国调查官员和洛克比地区的居民。由于此案事隔近 12 年之久，并涉及 50 多个国家及 20 万余件证物，使得审理工作进展非常缓慢。直到 2001 年 1 月 31 日，主审法官才在荷兰做出判决，宣判麦格拉希终身监禁，另一名利比亚籍被告费马则无罪并当庭释放。

然而，对于此案的审理，被判有罪的麦格拉希认为判决缺乏公正，随即提出上诉。甚至在审理开始之前，两名被告的辩护律师就发表声明说："你们告错人了！"他们坚持认为是其他恐怖主义团体制造了这起空难，他们很有可能就是名为"巴勒斯坦人民解放阵线总指挥部"和"巴勒斯坦人民斗争阵线"的两个组织。在审理过程中，辩护方认为作证的瑞士商人波利尔"狡诈多端，完全在捏造事实"；并认为作证的马耳他"玛利服装店"老板托尼·高奇将巴勒斯坦恐怖分子、正在瑞典服刑的阿布·阿勒布误认为是阿里·麦格拉希。2000 年 9 月，曾为美国间谍的利比亚人阿卜杜勒·马吉德·贾卡声称，在空难发生前夜，他看见一些形迹可疑的人偷偷将一些行李箱带过海关，但是辩方宣称，是中央情报局威胁要解雇贾卡，贾卡才捏造这些事实的。

但是，荷兰的苏格兰特别法庭仍于 2003 年 3 月 14 日做出了终审判决，决定维持原判。对于这一判决，的确有许多人表示不满。一些旁听者表示，整个审判简直就像一场闹剧，他们怀疑这其中会有什么内情。判决后，利比亚领导人卡扎菲指责此案的审判结果是在美英两国的压力下做出的，他指出这是一个政治判决，而非司法判决。与此同时，洛克比空难死难者家属也对判决结果极为不满，他们认为法庭做出这个判决，背后一定有着不同寻常的秘密交易。

该案的宣判结果出来后，利比亚曾一度表示对空难负责，并愿意承担对死难者家属的经济赔偿，其数目可达上亿美元之巨。但不久，该国政府又辩称，他们仅对自己的官员负责，而拒绝对空难本身承担责任。有分析认为，利比亚政府之所以持这种立场，其主要目的是为了尽快摆脱联合国的制裁。针对有关媒体对利比亚的指责，即使包括德国在内的一些西方国家也出面为卡扎菲鸣不平。与此同时，却又不断产生一些爆炸性的新闻，再次将人们的注意力吸引到洛克比空难的内幕中来。

在洛克比空难一案的审判进行中时，就曾发生过一起轰动世界的新闻。一名叛逃的原伊朗情报部门资深特工，在土耳其接受美国哥伦比亚广播公司的时事节目"60 分钟"采访时声称，洛克比空难的策划者是伊朗，而不是利比亚，因为他就是重要的参与者。这位名叫阿曼德·贝巴哈尼的伊朗特工透露，正是他，在过去 10 年期间一直负责统筹伊朗所有的对外恐怖行动。他还告诉节目制作人，洛克比空难事件就是他一手策划的。当初就是他带着爆炸计划，先是找到了巴勒斯坦恐怖分子贾布里尔寻求合作，得到后者的同意后，贝巴哈尼提供了行动所需的炸药和其他物品。接下来，他们把一批利比亚人带到伊朗，在某个特殊地点集训了 90 天，学习如何

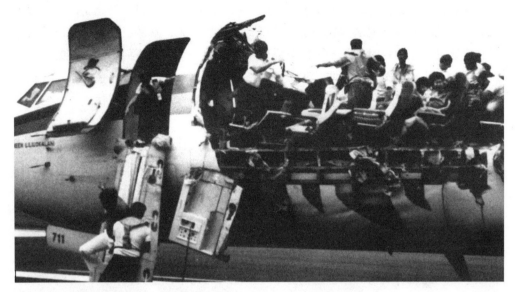
飞行专家正在模拟失事过程，以便查清事故原因。

安装、放置设计"非常精密"的炸弹。贝哈巴哈尼还交代，1994年发生在阿根廷首都布宜诺斯艾利斯的犹太社区内爆炸事件也是他负责制造的。真可谓半路上杀出个程咬金，这名伊朗叛逃者的自供，顿时成为全世界所注目的焦点，也使洛克比空难的内情更加扑朔迷离。不过，这一意外事件似乎并没有影响荷兰法庭的最终宣判。有人认为，这很可能是因为除此之外还有更大阴谋隐藏在其中，所以有关方面希望不要再节外生枝的缘故。

实际上，当对洛克比空难的调查刚开始进行时，美国人也曾认定，利比亚人并不是凶手，而是伊朗人、叙利亚人和黎巴嫩人，他们认为对方此举的目的在于报复美国。原来，在1988年7月时，美国的一艘军舰在波斯湾曾意外地将一架伊朗客机击落，结果造成了290人死亡的悲剧。由于美伊两国当时正处于敌对状态，所以伊朗政府为此发表声明，将对美国实施报复。美国人还认为，几天后，伊朗就雇用了解放巴勒斯坦人民阵线总部来具体操作报复行动。随后，解放巴勒斯坦人民阵线总部领导人艾哈迈德·贾布里尔曾派遣得力助手哈法兹·达尔卡默尼和炸弹制造专家马尔瓦·克莱西塞特前往西德，后者在西德制造了至少5枚专门用于引爆客机的气压炸弹，其中的2枚就安装在东芝牌收录机里。不过万幸的是，就在洛克比空难发生前的6个星期，警察曾对解放巴勒斯坦人民阵线总部发动突然袭击，当时便缴获了一枚装在东芝牌收录机里的炸弹。12 年后，当对洛克比空难进行审讯时，美国官方宣称，由于那次行动，报复伊朗客机被击毁的秘密行动也被终止了。但是很多人认为，美国的这种说法却有非常多的可疑之处。首先，解放巴勒斯坦人民阵线总部制造这种先进的定时炸弹不可能只靠克莱西塞特一个人，更何况他制造的 5 枚炸弹中至少有 4 枚仍然下落不明。其次，虽然洛克比空难发生 4 个月后，其中 3 枚炸弹已经被查出，但是另一枚藏在东芝牌收录机中的炸弹却一直没有找到，那它究竟在什么地方呢？

更令人觉得不可思议的是，人们所关心的最大内幕，竟然是与受害方——美国的情报部门纠缠在一起的。甚至有人认为，当美国联邦调查局在调查洛克比空难时，很可能也发现了与自己的同僚相关的蛛丝马迹，从而掩盖了某些真相。

2001 年，英国资深记者约翰·阿什顿和伊恩·弗古森，经过多方努力，推出了关于洛克比空难的调查报告《被隐瞒的洛克比丑闻》。该报告认为，这起事件的凶手是中东的贩毒集团，他们炸毁泛美航空 103 次班机的目的是为了掩盖中情局与毒品贩子之间的肮脏交易。报告还揭露了一个惊人的内幕：中央情报局内部的一些重要人物曾经和中东的毒品贩子达成协议，默许贩毒分子将毒品运至美国，以换取他们提供的秘密情报！但他们为什么要炸毁自己国家的飞机呢？

原来，该客机上有一个美国情报专家小组，由国防情报局的查尔斯·麦克基少校带领，他们当时是在从黎巴嫩返回美国的途中，而麦克基通过某种渠道探知了中央情报局与中东毒品贩子的肮脏交易，因此急着赶回华盛顿，准备向政府举报这一情况。为了掩盖这一丑闻，中央情报局便与中东毒品贩子联手策划了杀人灭口的计划。洛克比空难发生后几个月，在黎巴嫩就有消息说，麦克基当时的行程被透露给了投放炸弹的人。

接下来，中东贩毒分子便雇用了巴勒斯坦人民解放阵线总指挥部为他们完成这一任务。随后就发生了我们以上所回顾的一幕：巴勒斯坦人民解放阵线总指挥部首领派炸弹制造专家克莱西塞特在西德制造了 5 枚专门用于引爆客机的气压炸弹，其中的 2 枚安装在东芝牌收录机里；在洛克比空难发生后，虽然其中 3 枚炸弹都被找到，但是另一枚藏在东芝牌收录机中的炸弹却一直没有找到。一些西方国家的情报界人士透露，这枚炸弹就安放在一个名为卡利德·扎法尔的美籍黎巴嫩人的行李里。

报告还指出，在审讯过程中，法庭对此案的一些重要证据视而不见，使这件可能轰动世界的丑闻被巧妙地隐瞒了起来。事实上，在客机坠毁的现场，也确曾找到一些与破案有关的重要证据。比如有一件印有黎巴嫩真主党标志的 T 恤衫，但是官方从不承认过有这样一件 T 恤衫。另外在空难现场还发现了至少 4 捆美钞，据推测可能是麦克基带领的小组作为给黎巴嫩告密者的报酬，而官方说这只是某个富翁随身带上飞机的。还有一件被隐瞒起来的重要证据——在空难现场曾发现的两大包海洛因，可以印证洛克比空难与中东毒品罪犯有关，也故意被隐瞒起来了。

不久后，据德国《南德意志报》报道，一名由洛克比空难案件控方指定的证人透露了更新的内幕：导致洛克比空难的定时炸弹，根本就不可能是如控方所说的那样，放置在一个收录机中，而是安放在该客机货舱内壁之中，从而彻底推翻了控方的指控。这位证人就是我们曾提到瑞士商人、62 岁爱德文·波利尔，他当年在苏黎世与人合开了一家名为 MEBO 的公司，制造和销售电子定时器。据他交代，在1985 年，该公司曾卖给利比亚 20 个这种专门为军事而研制的定时器。而在当时的调查中，美国联邦调查局宣称，他们在失事的飞机残骸中发现了一个指甲大小的定时器碎片，并根据这个碎片追踪到那两个国籍为利比亚的嫌疑人。但波利尔却说，尽管他一直要求看一看所发现的所谓定时器碎片，但直到 2001 年他才看到。在看到那些"证据"后，波利尔当即否认那是定时器的碎片，而是美国联邦调查局的人员所做的伪证。据他说，其实那个宣布鉴定出这个碎片的人也已因做假证而被解职。当波利尔自己请专家进行鉴定后，结果显示：一个藏在收录机中的炸弹根本不可能有足够的威力，首先穿过收录机，然后又爆破行李箱和集装箱，最后爆破客机舱壁。因此他认为，炸弹应该是埋藏在货舱内壁的。这一新说更有力地佐证了人们的推测：空难极有可能是美国中央情报局的人员因某种目的而设计的。

可以肯定的是，在英美两国的联合调查中，有意隐瞒证据的并不会是英国人，因为正是美国有关部门将在现场找到的所有物品全部带走的。看来，面对各界的质疑，美英两国政府都没有深入调查下去，联邦调查局也始终保持缄默，其中必有缘故。只是这种内幕，是否真如以上所说，要彻底予以澄清，恐怕人们还得耐心地等待下去。

推荐阅读

① 成柳著：《环球大空难》，中国民航出版社，1999 版。

② 卢勇等编著：《世界重大空难透视》，长虹出版社， 1999 版。

③ 郭增麟编著：《世界空难探秘》，当代世界出版社，1994 版。

④ （英）戴维·布伦蒂、安德罗·莱西特著，马福云译：《民族领袖——卡扎菲传》，时代文艺出版社，2002 版。

"英国玫瑰" 戴安娜婚纱像

16

风中之烛：

戴安娜车祸追踪

　　1997 年，一首名为《风中之烛》的歌曲在全世界广为流传，歌中唱道："你就像那风中的烛光／即使在凄风苦雨的黄昏／也从不熄灭／你的足迹印在山河大地／遍布英格兰的青山绿水／你的烛光熄灭已久／而你的事迹永远存留／永别了，英格兰的玫瑰／失去你让我们心碎／多少人怀念你的爱心／超出你知道的数倍。"这首歌就是专门为纪念当时在车祸中罹难的英国王妃戴安娜而创作的。戴安娜，作为 20 世纪 90 年代最具魅力的女性，她的身世、她的气质、她的爱情、她的遭遇……无不引起世人的极大关注。令人痛心的是，在 1997 年 8 月 30 日深夜，一代传奇王妃却在巴黎的一次车祸中永远地离开了人世。同时，她的死因至今仍是众说纷纭的一大悬案。

"英国玫瑰"的婚姻悲剧

　　戴安娜·斯宾赛，1961年7月1日出生于英国一个贵族家庭——奥索普子爵家族，其家族与英王室有着密切的关系。遗憾的是，这位出身名门的少女却在学业方面没有取得多大的成就。在中学草草毕业后，没有正式工作的她来到一所贵族幼儿园充当保育员。不过，这位漂亮的女孩儿似乎命中注定要得到上帝的垂青，因为他不久就认识了一个叫查尔斯的男人。这位查尔斯，正是当时英国的王储。由于古老王室传统的影响，已到而立之年又身为王储的查尔斯在择偶方面一直是世人所关注的话题。正是在这种情况下，戴安娜逐渐走进了人们的视野。1980年，年仅19岁的戴安娜与查尔斯相识了。由于出身、容貌和单纯的性格，她迅速成为王室所认可最恰当的王妃人选。于是，一个现代版的灰姑娘童话上演了。1981年2月24日，查尔斯与戴安娜正式宣布订婚。

　　1981年7月29日，一个让世人都铭记的日子，英国王储查尔斯和戴安娜正式结婚。当天，伦敦城内所有教堂的钟声都在上午9时一起敲响，服饰鲜艳的英国皇家骑兵仪仗队护送着王室的婚礼车队驶向教堂，沿途是上百万欢呼的民众。英国广播电视公司用33种语言向世界转播了婚礼的盛况，全球有7亿多观众收看。毫不夸张地说，查尔斯与戴安娜的婚礼绝对是20世纪最隆重的盛典之一。

世纪婚礼 查尔斯和黛安娜从相识、相爱到结婚，是一个同平常人一样美好的过程。因而照这样一张照片的目的就是记录充满感情的一瞬。

　　成为英国的王妃后，戴安娜曾一度沉浸在婚后的幸福当中。名誉、地位、金钱，她似乎拥有了一切，更何况她还先后生下了两位可爱的小王子。殊不知，她生命中的阴影也正悄悄地降临。那就是，她将失去爱情。

　　其实，比戴安娜年长不少的查尔斯，在结婚前就绯闻不断，曾先后与三任女友正式论及婚嫁。与其相比，戴安娜几

查尔斯及戴安娜两家人的合影

乎单纯得像一张白纸。更致命的是，教育、兴趣等方面的巨大差异，决定了他们的夫妻感情不会持久。身为英国王位继承人的查尔斯，从小就接受系统的、正规的传统教育。毕业于剑桥大学的他，爱好历史、哲学、考古学、人类学。大学毕业后，又按照王室的惯例，先后进入英国皇家空军学院、英国皇家海军学院、格林尼治海军学院进行严格的深造。可以说，作为王储，查尔斯具有高贵的品位，良好的教养。在个人兴趣方面，查尔斯喜欢打猎、钓鱼、打马球、听歌剧、绘画等。相比之下，已成为英国王妃戴安娜自然难以让查尔斯满意。戴安娜喜欢的是时尚杂志和通俗小说，逛街购物和流行音乐。当戴安娜成为王妃后，尽管她可以学会王妃所需要的礼仪、着装、言谈，但本质上的差异注定了他们在现实生活中会产生裂痕。不久，一个叫卡米拉的女人就进入到戴安娜的生活中来。

提起这位卡米拉，在英国几乎无人不知，因为他是直接导致查尔斯与戴安娜婚姻破裂的原因。实际上，在查尔斯与戴安娜结婚前，查尔斯与卡米拉已经有了很长时间的恋情了。早在1969年，二人就认识了。卡米拉出身贵族，其父是富有的酒商，兄弟是作家和探险家，更有趣的是，她的曾祖母还曾是查尔斯的曾祖父英王爱德华七世的情人。论外貌和气质，卡米拉根本无法与戴安娜相提并论，但她却令查尔斯那么的痴迷，因为她和他一样爱好骑马和打猎，她也喜欢阅读历史书籍，她拥有超群的智力。1994年，在为纪念查尔斯被立为英国王储25周年的一次电视节目上，查尔斯竟公开承认了他与卡米拉25年的感情。当时，全世界都无法理解查尔斯的公开表白。然而，甘愿因离婚放弃王位的查尔斯不想放弃他所渴望的感情，对他来说，没有娶卡米拉为妻是毕生憾事。

另一方面，感情上长期受到冷落、备受打击的戴安娜却获得了世人的同情，并以其独特魅力赢得了巨大声望。在与丈夫的感情逐渐破裂后，戴安娜开始将全部身心投入到各种慈善事业中，其中最典型的就是对艾滋病人的关怀。据说，在1991年7月的一天，戴安娜与当时的美国总统夫人芭芭拉·布什一同探访一家医院的艾滋病病房时，曾与一位病得已经起不来的患者拥抱，这一幕让世人都为之感动。由于巨大的国际声望，婚姻不幸的戴安娜的影响力已超过了英国王室，她也由此成为整个英国的骄傲，被人们亲切地称为"英国玫瑰"。在历次公布的民意测验中，她都是王室最受欢迎的成员之一。许多外国游客来到英国，其原因竟只是为了一睹戴安娜的芳容。所以很多经济学家认为她为英国的工业、旅游、健康等领域创造了巨大的经济价值和社会价值。据有关方面的估计，戴安娜为英国带来的旅游价值可达1000万美元。

即使这样，依然不可能弥补戴安娜感情上的缺憾。在与查尔斯的感情走到尽头之后，她也曾有过自己的几次恋情，但似乎总是遭到伤害。其中与皇家骑兵队一名叫休伊特的男子的故事，尤其令她伤心。由于精神上的苦恼，戴安娜认识了休伊特，而后者给予她的激情和赞誉也曾一度满足了她的感情生活。当1991年休伊特被派往海湾时，戴安娜还不停地给对方写情书。然而，她的感情却遭到无耻的欺骗和出卖。无耻而贪婪的休伊特竟将他与英国王妃的恋情以300万英镑的价格出卖给公众，出版了《爱河中的王妃》一书。这一事件，使戴安娜备受打击。

1992年12月9日，英国首相梅杰在众议院宣布，查尔斯和戴安娜正式决定分居。1995年11月20日，戴安娜在接受英国广播公司的采访时，第一次说出

戴安娜与儿子威廉

了自己感情生活的不幸。后来，她还曾对女友表示她永远不愿离婚。但是事态的发展又决定了她必须离婚，因为英国王室不会允许这种现状一直存在下去。1996年，查尔斯与戴安娜正式宣布离婚。接下来，双方就封号、赡养费、孩子监护权等一系列问题达成协议。根据协议，查尔斯将一次性付给戴安娜1500万英镑至2000万英镑的赡养费，并负担她每年50万英镑的私人办公室开销；离婚后的戴安娜将失去"殿下"封号，但仍以威尔士王妃身份被视为王室成员，并会获得王室邀请出席国家公开活动；戴安娜和查尔斯会共同拥有两名小王子的抚养权，戴安娜可就有关

1992年，依旧一同出席活动的查尔斯夫妇已是貌合神离，不久便传出了两人分居的消息。

小王子的事作决定。戴安娜仍可继续在肯盛顿宫居住，她的私人办公室也将由圣詹姆斯宫搬往肯盛顿宫；另外，戴安娜还必须签署一项"缄默条款"，即不得在离婚后谈论任何使查尔斯或女王尴尬的话题。

1996年8月28日，白金汉宫宣布，王储查尔斯与储妃戴安娜的离婚申请于早上10时27分正式生效。

神秘的车祸

与查尔斯离婚后，戴安娜的一举一动同样成为世界目光所关注的焦点。无论她走到哪里，进行什么活动，总有大批记者跟踪采访，试图获得"猛料"新闻。1997年8月30日深夜，一桩震惊世人的惨剧发生了。当时，戴安娜正与新男友、埃及巨富多迪·法耶兹一起在法国游玩，他们乘坐的是巴黎利兹饭店的司机保罗驾驶的梅塞德斯豪华轿车，车速很快，为了躲避摄影记者们的追踪，当汽车经过巴黎高速公路的一处隧道时，突然失控而发生车祸。最终，司机保罗、戴安娜及其男友法耶兹均不治身亡，有关方面宣布，戴安娜于凌晨4时去世。消息一经传出，世界都为之震惊。9月6日，英国为戴安娜举行了隆重的葬礼，英国广播公司用44种语言向世界转播了葬礼的实况，全球总共有25亿人收看这悲痛的一幕。

车祸发生后，几乎所有人都认为这起事故太过扑朔迷离。究竟当时发生了什么情况？是什么原因导致了这起车祸？这些疑问都一直困扰着人们，而有关戴安娜之死的原因竟流传有十几种说法。在各方的压力下，事发地法国有关方面为此展开了调查。经过两年多的努力，法国当局于1999年裁定，车祸是因司机保罗过量饮酒以及车速过快而引起的，其报告指出，经检验，保罗当时的酒精度远远高于法定标准，而且饮用的还是掺了药的鸡尾酒。不过相当多的人一致认为，当时正对戴安娜等人进行跟踪的摄影记者"狗仔队"应该负有主要责任，因为据说戴安娜所乘之车正是为摆脱他们的追逐才发生车祸的。但不久之后，法国最高法院对戴安娜车祸一案做出了终审判决，认定车祸是因为司机酒后高速驾驶，而并不是"狗仔"摄影队追踪造成的。

对于法国方面的判决，包括遇难者亲属在内的很多人都表示不能接受，尤其是有关司机保罗众多疑点的结论，更使他们强烈不满。

首先，关于保罗是否酒后驾车的问题。对于法国调查机构的定论，保罗的父母曾予以强烈反驳，他们坚决否认儿子会酒后驾车，而且他们还怀疑法国当局当时从事发现场取到的血样根本就不是保罗的。为此，他们曾要求法国方面交出血样进行DNA检查，但没有得到回应。另外，一些与保罗非常熟悉的人也站出来表示质疑。巴黎一位名叫米里亚姆的男子曾亲口说："没有人相信保罗喝醉酒的说法，因为我们太熟悉了，他星期天经常到这里吃午餐。他用餐时所饮用的饮品当中，最烈的也只不过是'尚蒂'（啤酒和柠檬汁的混合饮料）。"

第二，调查机构认为保罗喝的是掺了药的鸡尾酒，但据有的报纸披露，他在驾车前竟被人下了毒！因为经检测，保罗死时血液内含有浓度高达20.7%的一氧化碳，这对于常人来讲是根本不可能的。所以很有可能保罗体内的一氧化碳对他的影响大过酒精。这一消息传出后，立即引来大量揣测和疑问。保罗是如何中毒的呢？调查员怀疑，由于在去接戴安娜之前在家逗留了两个多小时，所以保罗在驾车前不是被人哄骗就是被迫吸入气体。

第三，关于司机保罗生前曾收到巨额神秘汇款的疑问。据英国《每日快报》前不久的报道，据调查戴安娜车祸事件的英国警方披露，就在事发前不久，为戴安娜开车的巴黎司机保罗的银行账号上刚刚收到75000英镑的"神秘汇款"，而他的年薪只有20000英镑。据说保罗在全世界各大银行竟开有13个银行户头，其银行户

戴安娜王妃的葬礼

头上总共有超过 10 万英镑的财富。而且，据了解内幕的时人透露，这笔不菲的款项是从英国汇到了保罗的银行户头上的。不过，到底是谁向保罗汇了这笔钱，以及他为什么要汇这笔钱？调查仍没有结果。

戴安娜的哥哥（左）与查尔斯王子在戴安娜的葬礼上

第四，车祸中唯一的生还者是否真的失忆？车祸发生时，只有戴安娜的保镖李兹·琼斯侥幸逃生。令人奇怪的是，作为事件中的唯一生还者，这位琼斯一直坚称自己已经完全记不清当时发生的事了。更多的时候，琼斯选择的是沉默，这也使得整个案件的调查难以取得关键性的突破。

第五，戴安娜等人为什么要更换车辆？在英国政府公布的一批秘密文件中，曾专门涉及该问题。其中一份在车祸当天送交给英国首相布莱尔的备忘录认为，戴安娜和男友法耶兹一抵达巴黎里兹饭店，就立刻引起了媒体的注意，第二天一早，他们准备离开饭店时，被记者团团包围。尽管他们希望尽快离开，但第一辆车子却发动不了，于是不得不临时换车，乘坐另一辆由保罗驾驶的车子。因此这可能也是导致惨剧发生的原因之一。但是，这一论断却受到各方质疑。

最重要的一点就是目击者们的说法也大相径庭。据曾经目击车祸经过的证人穆罕默德·马吉德称，这完全是一起事故，没有任何人为的因素。他说，当时他正开车在戴安娜的梅塞德斯豪华轿车前行驶，后来在一个地下通道里，由于轿车的速度过快，整个车子失去了控制，于是发生了事故。据他描述："她的汽车快速穿过马路，完全失去了控制，等我加快油门闪开时，汽车一头撞到了路边的柱子上。我随后听到巨大的响声，就像炸弹爆炸一样。汽车的前头裂开了，碎片飞向四面八方。"该男子还信誓旦旦表示，没有迹象表明有狗仔队摄影师乘摩托车跟踪戴安娜一行，也没有所谓的神秘白色菲亚特汽车将梅塞德斯豪华轿车撞到柱子上。他说，这绝对是一场悲剧，但这只是一场事故，而众多阴谋说只是某些隐藏在背后的人编造出来的谎言。奇怪的是，与该男子同乘一车的一名叫苏娅德的巴黎女子却声称，在车祸发生时，现场的确有一辆神秘"乌诺"轿车出现。苏娅德向记者们描述了当时的情景：那辆"乌诺"轿车以极快的速度超过她的座车，然后又突然减速跟她的车一起行驶。开车的是一个 30 来岁的男子，表情十分奇怪，苏娅德于是让马吉德加速超过他。过了一会儿，他们就听到了后面的轮胎摩擦声，结果看到后面一辆奔驰的车失控撞上了隧道。等他们回头再看"乌诺"时，它已经不见了。相比之下，苏娅德最新透露的情况显然更为可信，因为对戴安娜座车的现场勘测结果显示，戴妃乘坐的轿车在失事前确与一辆"乌诺"轿车发生过碰撞，但不知道这次碰撞对车祸有什么直接的联系。但是为什么此二人的说法有如此大的差异呢？苏娅德的一番话似乎意味深长，她说自己此前之所以一直保持沉默，是因为害怕会被杀死，但她没有说她究竟害怕谁。

看来，这绝对不是一起简单的车祸。

一封神秘的亲笔信

戴安娜车祸发生后，英国王室立即成为世人所注目的焦点，不过这种关注却使得他们的处境极为尴尬，因为很多人认为他们对戴安娜的死难脱干系。根据一项调查，近半数伦敦人认为戴安娜之死存在阴谋。不过，如果这种阴谋将与王室发生联系，英国民众还是难以置信的。

2003年，正当英国有关部门调查戴安娜案件时，一家著名的报纸《每日镜报》突然刊登出一条爆炸性的新闻：戴安娜生前的管家巴勒尔透露，戴安娜生前曾写信给他，一直怕"有人"给她的车做手脚，让她死于车祸，这个人是英国王室的高级成员！该报还刊出了这封信，其中写道："这是我一生中最危险的时刻——××想制造车祸害死我！"而那个写有威胁人名字的地方被编辑涂黑了。不久，该报再次在头版头条点出那个人竟是查尔斯，其标题是："戴安娜的信：是查尔斯想杀我"！据说这封信写于戴安娜死前10个月左右，其中写道："我的丈夫正在策划制造一起车祸，使刹车失灵，给我造成严重的脑外伤，以为他的结婚铺平道路。"

这条消息立即在全世界引发了极大反响。这位巴勒尔，曾靠出售戴安娜的秘密赚了130万英镑，然而，他与报纸约定，绝对不允许向外界透露那个"潜在杀手"的名字。所以当《每日镜报》刊出查尔斯的名字之后，巴勒尔非常愤怒，强烈要求解雇该报的总编。当然，也有人认为这只是媒体的炒作。但不管怎么说，英国王室似乎也难以洗脱嫌疑，而有关调查部门也准备为此传讯皇室成员。

还有一种说法认为，英国王室之所以要谋害戴安娜，是因为后者当时已怀有身孕。至于杀人动机，就是为了避免戴安娜与查尔斯的儿子、未来的国王威廉有个同母异父兄弟，王室便策划了这起阴谋。戴安娜到底有没有怀孕，迄今为止也还是个谜。

如果真能查证出戴安娜死时已怀孕，那么戴安娜之死系谋杀的可能性将大大增加，英国政府和王室将陷入极度难堪的境地。而如果调查的结果说明戴安娜没有怀孕的话，那么一切传闻和阴谋论将不攻自破。

2003年12月21日，一位法国警方高级官员向英国《独立报》披露了戴妃死因调查的一些最新内幕。该警官说，在法国警方对戴妃死因的调查中，他曾经翻阅过有关戴妃之死的所有文件，有一份从未公开过的医学报告，详细叙述了戴安娜车祸后在法国医院接受抢救时的情景，其中有部分内容显示，戴安娜死亡时已经怀有身孕。然而，由于当时并没有公布这些资料，就使得这种说法成了一面之词。与此同时，另一些当事人则提出了完全相反的结论。

据前英国王室验尸官、曾亲手给戴安娜做尸检的约翰·波顿大夫披露，戴安娜当时并没有怀孕。这位大夫说："尸检时我就在现场，她没有怀孕，的确没有怀孕。"

那么，到底事实的真相是怎样的呢，恐怕只有对戴安娜进行开棺验尸了，但要做到这一点，恐怕又不是验尸官和英国王室能做得了主的。

事故，阴谋，还是……

除了英国王室的嫌疑外，很多人都怀疑这是一起更复杂的阴谋。2001年，在戴安娜的忌日，她的儿子威廉王子曾跪在墓前发誓："我知道你是被谋杀的，直至凶手被法律制裁之前，我绝不会罢休。"据威廉密友透露，威廉相信其母亲之死有太多疑点，最明显的是戴妃平时即使穿上隆重晚礼服也坚持要戴安全带，但车祸当晚她却没有这样做。为了早日找到凶手，威廉还曾暗中找来军情五处前探员协助。另外，戴安娜男友的父亲穆罕默德多年来始终坚信儿子和戴安娜是被阴谋致死的，并一直呼吁有关方面进行重新调查。这位埃及巨富曾在多次接受采访中认为，那起车祸绝对是一次有预谋、有计划的谋杀。他认为，自己的儿子和司机当时都遭到了激光手枪的射击，逃生的保镖琼斯也在事后被买通了，而戴安娜也是因有意拖延抢救而致死的。

令人生疑的是，据报道，美国情报机构竟存有182份有关戴安娜的情报档案，其中39份被列为"最高机密"，而英国媒体相信这些资料可能有助当局调查戴安娜车祸的真相。当穆罕默德要求美国情报部门交出这些资料时，却遭到了拒绝。所以，穆罕默德认定美国中情局和其他政府部门卷入了这起事故。

总之，由于当时法国法庭公布的调查报告疑点颇多，根本无法让人信服，所以

有关戴安娜死之真相的书层出不穷，
这是其中的一本。

在社会上就产生了众多有关该事件的说法。其中有些说法可谓稀奇古怪，例如有人认为戴安娜之死是爱尔兰共和军所为，是他们派摩托车手混入"狗仔队"中行刺。有一种说法指出，由于戴安娜一直关心地雷带来的祸害，倡议全球禁制地雷，从而损害了地雷商们的利益，所以他们就杀害了戴安娜，甚至有人说在出事当时听到一声状似地雷爆炸的响声。还有的观点认为，戴安娜其实是政治斗争的牺牲品，因为她逾越本身的权限，牵涉到了政治圈子里去，所以被英国特工在法国谋害，借以推卸责任。更离奇的是，竟有人声称戴安娜并没有死，而是因为她想摆脱传媒的追踪，重新过平淡生活，以逃避世俗的纷扰，而且居然有英国媒体煞有介事地报道说，有 5 名为悼念戴安娜而轮候了 10 小时的男女，曾亲眼看到戴安娜现身。

为了给公众一个满意的答复，英国政府在几年前曾下令警方成立一个专门调查戴安娜之死的小组，并将该行动命名为"帕吉特行动"。据最新的消息称，随着调查的不断深入，他们发现的神秘疑点也越来越多，使他们不得不怀疑戴安娜确有被人谋杀的可能。尽管自 2004 年以来，英国政府为这项调查已花费了不少资金，但目前为止，戴安娜的死因仍疑云重重。

推荐阅读

① （英）安德鲁·莫顿著，史津海、富彦国、杜明译：《戴安娜：追逐爱情的王妃》，金城出版社，2005 版。

② 司徒佩琪著：《戴安娜画传》，中国广播电视出版社，2005 版。

③ （英）保罗·伯勒尔著，周晓阳等译：《王室职责——管家眼中的戴安娜》，译林出版社，2004 版。

④ 莫多西编著：《英格兰最后的玫瑰——戴安娜》，京华出版社，2004 版。

⑤ （英）西蒙·西芒斯著，安允涛、曾鸣译：《秘密岁月：戴安娜私人医生回忆录》，中国社会科学出版社，2002 版。

⑥ （英）詹姆斯·休伊特著，贺相铸等译：《爱情与战争：我与戴安娜王妃》，云南人民出版社，2001 版。

⑦ （法）让·马里·蓬托、热罗姆·迪皮伊著，慕江等译：《戴安娜死因调查》，世界知识出版社，1999 版。

寻找时光中千丝万缕的遗迹 探索悠久的渊源 直击苍茫的历史

图文并茂的理想读本 带您进入一个精彩 神秘的未知世界 探究历史真相